Olga Balboa Sánchez
Montserrat Varela Navarro
Claudia Teissier de Wanner

IMPRESIONES A2

Cuaderno de ejercicios

IMPRESIONES A2
Cuaderno de ejercicios

Primera edición, 2018
Reimpresión, 2025
Produce: SGEL - **Libros**

Autoras
Olga Balboa Sánchez, Montserrat Varela Navarro y Claudia Teissier de Wanner

Asesoramiento didáctico
Paloma García-Amorena, Lucy Lachenmaier, Glen López Prieto, Remedios Nowak y Barbara Ramírez Jaimes
Diseño de cubierta: Sieveking Agentur
Ilustraciones: Mascha Greune
Maquetación y composición: Sieveking Agentur
Editoras: Esther Douterelo Fernández, Cornelia Kentmann

© 2018 Editorial Hueber GmbH & Co. KG, Múnich, Alemania

De esta edición:
Director editorial: Javier Lahuerta
Coordinador editorial: Jaime Corpas
Edición: Mise García
Maquetación: Leticia Delgado
Cubierta: Violeta Cabal
Corrección: Belén Cabal

© SGEL-libros
Avda. Castilla La Mancha, 2, 19171 Cabanillas del Campo (Guadalajara)

ISBN: 978-84-9778-984-4
Depósito legal: M-23507-2018
Printed in Spain - Impreso en España
Impresión: **Liber Digital, S.L.**

PEFC Certificado
Impreso en papel que procede de bosques gestionados de forma sostenible y fuentes controladas
PEFC/14-38-00245 www.pefc.es

Fotografías: Cubierta: Brandon Bourdages / Shutterstock.com. DREAMSTIME: P. 36: Saltillo (Marek Poplawski). THINKSTOCK: p. 5; p. 6: ej. 5; p. 7; p. 17: zapatos; p. 20; p. 24; p. 26: ensaladera y linterna; p. 33; p. 36: palmera y gafas; p. 40; p. 45; p. 49; p. 52; p. 55: Abel y Teo; p. 57: 1, 2 y 4; p. 59; p. 66; p. 77; p.82: a y b; p. 85: 1. SHUTTERSTOCK: resto de fotografías, de las cuales, solo para uso editorial: p. 19: Matyas Rehak / Shutterstock.com; p. 21: DeymosHR / Shutterstock.com; p. 42, plaza Mayor: travelview / Shutterstock.com; p. 68: katatonia82 / Shutterstock.com; p. 84: Iakov Filimonov / Shutterstock.com

Cualquier forma de reproducción, distribución, comunicación pública o transformación de esta obra solo puede ser realizada con la autorización de sus titulares, salvo excepción prevista por la ley. Diríjase a CEDRO (Centro Español de Derechos Reprográficos) si necesita fotocopiar o escanear algún fragmento de esta obra (www.conlicencia.com; 91 702 19 70 / 93 272 04 47).

ÍNDICE

1 NUEVA ETAPA	5
2 PARA TI Y PARA MÍ	12
3 UN AÑO ESPECIAL	19
4 CON TUS MANOS	26
5 ¿CÓMO ERA ANTES?	33
6 ¿Y QUÉ PASÓ?	40
7 HOY COCINO YO	47
8 ¡ME SIENTO BIEN!	54
9 TE INVITO	61
10 UNA CIUDAD IDEAL	68
11 NOSOTROS Y EL TRABAJO	75
12 ¡ESTAMOS AL DÍA!	82
TRANSCRIPCIONES	89
SOLUCIONES	98

CUADERNO DE EJERCICIOS

Este cuaderno de ejercicios amplía los contenidos del libro del alumno. La estructura de cada unidad es la siguiente:

EJERCICIOS
En esta parte se encuentran los ejercicios adecuados para la práctica de los contenidos tratados en la unidad.

MIS PALABRAS
Una sección en la que se incluyen diferentes ejercicios para que el alumno consolide el vocabulario trabajado en la unidad.

SONIDOS DEL ESPAÑOL
En cada unidad del cuaderno aparecen ejercicios de pronunciación de sonidos concretos del español, de entonación de palabras y de frases, así como ejercicios que registran las diferencias de pronunciación en España y en Latinoamérica.

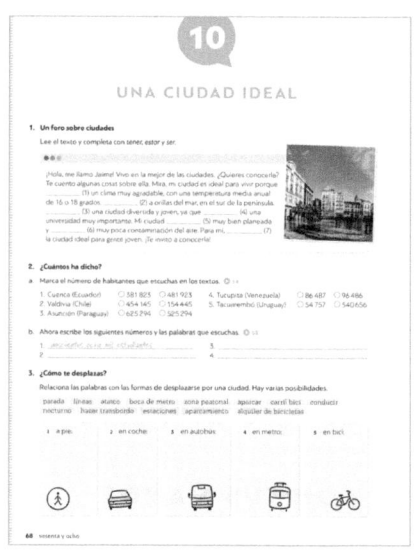

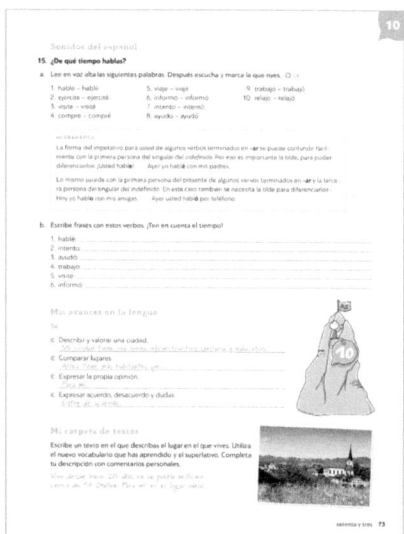

MIS AVANCES EN LA LENGUA
En esta parte el estudiante puede visualizar su progresión en el aprendizaje y tomar conciencia de lo aprendido al final de cada unidad.

MI CARPETA DE TEXTOS
Al final de cada unidad, el estudiante redacta un pequeño texto que le permite utilizar de forma práctica lo aprendido y retenerlo. Con todos estos textos, el estudiante creará al final del curso su pequeño portfolio, que le servirá para documentar sus avances.

TEST
Se cierra la unidad con un test con preguntas de opción múltiple para evaluar los conocimientos que el alumno ha adquirido.

TRANSCRIPCIONES Y SOLUCIONES
Al final del cuaderno se incluyen las transcripciones de los audios y las soluciones de los ejercicios.

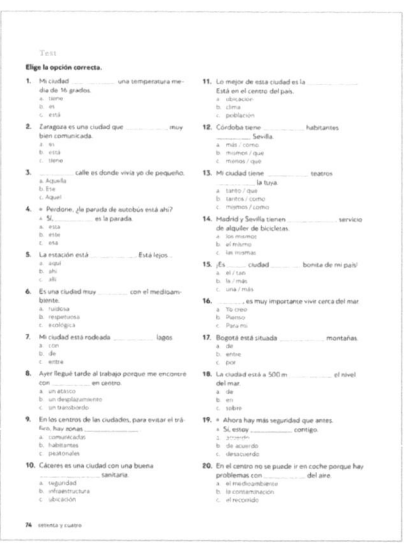

NUEVA ETAPA

1. **Palabras en contexto**

    Lee de nuevo el artículo del ejercicio **2b** de la unidad 1 del libro del alumno y luego completa el siguiente texto utilizando las expresiones adecuadas. ¡Pon atención a la forma correcta! Después, compáralo con el artículo de la unidad.

    latino   escribir   chileno   escuchar   divertido   acostarse
    español   aprender   bailar

    ¿Cómo reconocer a nuestros estudiantes entre miles? Pues porque son _____ (1), están siempre alegres, se ríen a menudo, se sienten bien en compañía de otros y siempre encuentran algo que _____ (2). Saben varios idiomas y son muy inteligentes. ¡Buena prueba de ello es que eligen nuestra lengua! En su tiempo libre _____ (3) flamenco, _____ (4) música latina, tocan la guitarra o beben mojitos, vinos _____ (5) o cervezas mexicanas. Les gusta quedar con sus amigos hispanohablantes o les _____ (6) mensajes con frecuencia. ¡Además así también pueden practicar su español! Salen mucho y _____ (7) tarde, claro, como muchos hispanohablantes. Otros hacen cursos de bailes _____ (8), cantan en un coro español y siempre ven las películas _____ (9) en versión original.

    > ESTRATEGIA:
    > Lee un texto nuevo varias veces. Eso te ayudará a aprender palabras en su contexto y a memorizarlas mejor.

2. **El generador de verbos**

a. Escribe los siguientes verbos en presente. ¡Cuidado, hay verbos regulares e irregulares!

    1. _____ acostarse (él)
    2. _____ hablar (tú)
    3. _____ seguir (yo)
    4. _juegan_ jugar (ellos)
    5. _____ pedir (ella)
    6. _____ creer (nosotros)
    7. _____ tener (usted)
    8. _____ subir (vosotros)
    9. _____ encontrar (yo)
    10. _____ reírse (tú)

b. Ahora escribe el infinitivo correspondiente a estos verbos.

    1. _____ se identifica
    2. _____ elijo
    3. _____ pueden
    4. _____ sé
    5. _____ conocéis
    6. _____ salgo
    7. _____ vuelves
    8. _estar_ está
    9. _____ se sienten
    10. _____ soñáis

cinco 5

3. El español y yo

Formula las frases con las siguientes palabras.

te   a mí   ~~a usted~~   a vosotros   me   a Regina   le   os   a nosotros   nos   le   a ti

1. usted / aburrir los ejercicios de gramática → _A usted le aburren los ejercicios de gramática._
2. yo / encantar estudiar español → _____
3. vosotros / interesar la información cultural → _____
4. Regina / costar la gramática → _____
5. tú / aburrir leer varias veces el mismo texto → _____
6. nosotros / gustar hablar con hispanohablantes → _____

4. Gustos y preferencias

Lee la ficha que ha rellenado Rebeca para su curso de español. Escribe después un texto breve sobre ella y sus preferencias a la hora de aprender español. Utiliza los verbos que aparecen a continuación.

hacer   tener   ser   estar   estudiar   aprender   vivir   llamarse
gustar   costar   aburrir   encantar   interesar   preferir

Nombre: _Rebecca Fischer_
Ciudad: _Hamburgo_
Profesión: _empleada en un banco_
Edad: _37 años_

Estado civil: _casada, tres hijos_
Primera clase de español: _enero de 2017_
Aprende español: _para viajar a Chile_

Preferencias en la clase de español:

👍 _jugar en clase, hablar, las audiciones, las noticias de actualidad, la cultura_

👎 _la pronunciación, los ejercicios de gramática, escribir, hacer los deberes, leer textos largos_

Se llama Rebecca...
Estudia español desde (hace)...
A Rebecca le cuesta...

5. ¡Cuánto tiempo!

El primer día de curso los alumnos tienen mucho de qué hablar. Completa las frases con *desde* o *desde hace*.

1. La compañera nueva se llama Marina y es suiza, pero vive en Alemania _____ el otoño.
2. Tom tiene un nuevo trabajo _____ unos días.
3. El hijo de Martina, Frederick, aprende español _____ tres años.
4. Hace mucho que no veo a Silvana. No ha asistido a clase _____ diciembre.
5. ¿Jana y John se van a vivir a Madrid? ¡Pero si aprenden español _____ solo dos meses!
6. ● ¡Los dos alumnos nuevos entienden mucho español!
   ▲ Sí, es que han estudiado español _____ su primer viaje a España en 2016.

6. Mi portfolio de las lenguas

¿Con qué idiomas has tenido ya contacto? Completa la tabla.

Idioma	¿Cómo lo has aprendido?	¿En qué situaciones lo usas?
inglés	vacaciones en Irlanda, vivir con una familia	hablar con mi vecina, que es de Londres

ESTRATEGIA: Cada vez que tenemos contacto con una lengua extranjera, ya sea en vacaciones, en conversaciones con extranjeros o a través de la publicidad o de la música, aprendemos algo y ampliamos nuestro conocimiento del idioma.

7. Consejos prácticos

a. Escucha lo que cuatro alumnos dicen acerca de las dificultades que tienen a la hora de aprender un idioma. Da un consejo a cada uno, utiliza las expresiones: *Tienes que, Lo mejor es, Es (muy) útil* o *Puedes*. ▶ 1–4

escuchar la radio   participar en una tertulia con nativos
hacer un intercambio   leer libros de lectura graduada
cantar canciones   escribir a amigos hispanohablantes
escribir frases con palabras nuevas
escuchar canciones en español

1. _____
2. _____
3. _____
4. _____

b. Escucha ahora los consejos que dan estas personas y escríbelos. ¿Son los mismos que has formulado en **7a**? ▶ 5–8

Diálogo 1: _____
Diálogo 2: _____
Diálogo 3: _____
Diálogo 4: _____

c. Y para estas personas, ¿qué consejos tienes?

1. El Sr. Martínez necesita aprender inglés en menos de tres meses.
_____

2. Lucía quiere correr en el maratón de Nueva York el año próximo.
_____

3. Dimitri va a participar en un concurso de piano.
_____

8. Participios irregulares

Relaciona los siguientes participios irregulares con los verbos en infinitivo.

1. hacer
2. ver
3. escribir
4. romper
5. volver
6. poner
7. decir
8. abrir

a. visto
b. abierto
c. escrito
d. dicho
e. puesto
f. hecho
g. roto
h. vuelto

9. ¿Con pretérito perfecto?

Escribe cinco frases sobre ti en pretérito perfecto con los siguientes marcadores temporales. Atención, hay tres con los que no se utiliza este tiempo verbal. Señálalos.

esta mañana   hoy   ayer   este año   últimamente   el año pasado   esta semana   en 2016

1. _____
2. _____
3. _____
4. _____
5. _____

10. ¿Qué ha hecho últimamente?

a. ¿Qué ha hecho Emilio últimamente? Escribe frases con las expresiones que aparecen debajo.

1. salir a cenar con amigos → *Emilio ha salido a cenar con amigos.*
2. trabajar en un proyecto interesante → _____
3. poner sus cosas en la maleta → _____
4. invitar a una chica al cine → _____
5. pasear en el bosque → _____
6. volver de un viaje largo → _____
7. conocer a sus nuevos compañeros de trabajo → _____

b. ¿Te acuerdas de las actividades que tus compañeros de curso hacen para practicar español? Escribe tres frases en pretérito perfecto. También puedes inventarte actividades.

Marc ha hecho un intercambio con un chico mexicano.

Mis palabras

11. Para aprender español

¡Refresca tu vocabulario! Completa los mapas conceptuales con las expresiones que correspondan.

en una tertulia   los deberes   ~~palabras nuevas~~   las audiciones   un idioma
a clase   un intercambio   en clase   canciones   vocabulario   un curso en línea

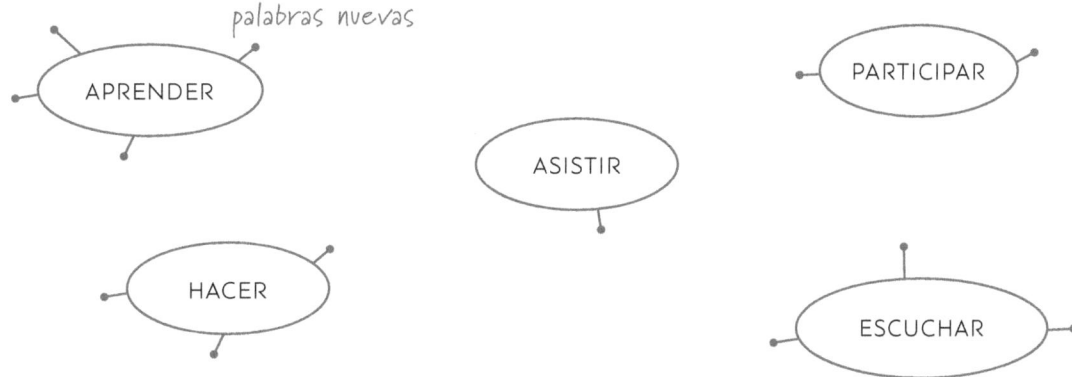

12. Actividades de ocio

Completa la expresiones con las siguientes palabras. Hay varias posibilidades.

tarde   en un coro   mensajes   música   un curso de cocina   de vacaciones
con los amigos   la guitarra   películas en versión original

1. escribir _____
2. ver _____
3. tocar _____
4. hacer _____
5. ir _____
6. escuchar _____
7. acostarse _____
8. cantar _____
9. quedar _____

13. ¿Quién es?

¿A qué tipo de relación personal corresponden las siguientes definiciones?

alumno/-a   amigo/-a   compañero/-a de clase   colega   profesor(a)   vecino/-a

1. _____: Es una persona que hace el mismo curso que tú.
2. _____: Es la persona que enseña en sus clases.
3. _____: Es la persona que recibe una clase.
4. _____: Es una persona con la que tienes una buena relación y con la que haces muchas actividades en tu tiempo libre.
5. _____: Es una persona con la que trabajas.
6. _____: Es una persona que vive al lado de tu casa.

Sonidos del español

14. Separación de sílabas

a. Lee en voz alta las siguientes palabras y separa las sílabas como en el ejemplo. Presta atención a la pequeñas pausas al pronunciarlas. Si quieres puedes dar palmadas para ayudarte.

1. persona → _per - so - na_
2. tarjeta → _____
3. forma → _____
4. amigos → _____
5. películas → _____
6. activa → _____
7. algunos → _____
8. español → _____
9. traducir → _____
10. libro → _____

per - so - na

b. Ahora escucha y comprueba. ▶ 9

Mis avances en la lengua

Bienvenidos al nivel A2. ¡Empezamos motivados!

Sé...

- Dar información sobre mí mismo.
  Elijo... / Prefiero... / Sueño (con)...
- Hablar de las dificultades para aprender un idioma y de las preferencias.
  Me gusta... / Me cuesta...
- Situar acontecimientos en un momento concreto.
  Desde...
- Situar acontecimientos en un periodo de tiempo.
  Desde hace...
- Dar consejos.
  Tienes que... / Lo mejor es... / Puedes...
- Hablar de actividades realizadas en el pasado.
  Hemos hecho...

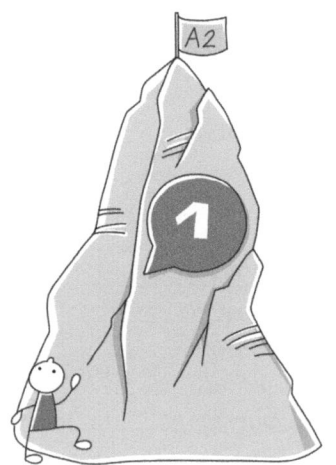

Mi carpeta de textos

Aquí tienes la oportunidad de escribir tus propios textos para utilizar todo lo que has aprendido en cada unidad. ¡Conserva tus textos! De esta manera, siempre podrás ver rápidamente los avances que has hecho durante el curso.

En esta ocasión tienes que escribir un texto sobre las experiencias que has tenido hasta ahora al aprender español: ¿qué has hecho para aprender español? ¿Desde cuándo aprendes español? ¿Qué te gusta o qué no te gusta tanto? ¿Qué ejercicios son los que más te gusta hacer en casa?

Aprendo español desde hace...

Test

Elige la opción correcta.

1. Bernardo está siempre alegre, es muy _____ .
   a. activo
   b. divertido
   c. divorciado

2. Los fines de semana _____ con mis amigos.
   a. sale
   b. sal
   c. salgo

3. ¿Tú _____ con ese tipo de persona?
   a. te identificas
   b. me identifico
   c. identificas

4. _____ me cuesta mucho hablar en español.
   a. Yo
   b. A mí
   c. A

5. Trabajo en esta empresa _____ 2017.
   a. desde
   b. hace
   c. desde hace

6. Tengo 65 años y ya no trabajo porque estoy _____.
   a. jubilada
   b. casada
   c. divorciada

7. Susi es _____, habla dos idiomas perfectamente.
   a. lengua materna
   b. monolingüe
   c. bilingüe

8. Si queréis practicar el español, tenéis que _____ un intercambio.
   a. hacer
   b. participar
   c. asistir

9. Para aprender un idioma _____ vivir una temporada con nativos.
   a. mejor
   b. lo mejor es
   c. mejor es

10. ¿_____ estudiar mucho para aprobar este examen?
    a. Hay que
    b. Has
    c. Tienes

11. En la escuela hay 24 profesores y 1000 _____.
    a. alumnos
    b. vecinos
    c. colegas

12. A ella _____ gustado mucho Cuba.
    a. le he
    b. le ha
    c. ha

13. ¡El español _____ encanta!
    a. me
    b. mí
    c. mi

14. Algunos deberes _____ un poco.
    a. me aburro
    b. me aburren
    c. les aburro

15. Es útil _____ lo que has aprendido en clase.
    a. poder
    b. repasar
    c. participar

16. Esta tarde _____ a clases de salsa.
    a. he ido
    b. he hecho
    c. he estado

17. _____ quedado con mis amigos a las cinco en la cafetería de la escuela.
    a. He
    b. Me he
    c. Les he

18. Me gusta _____ la guitarra.
    a. tocar
    b. jugar
    c. aprender

19. ¿Ustedes en qué país _____ en sus vacaciones?
    a. han ido
    b. han sido
    c. han estado

20. ● Yo busco en el diccionario las palabras que no entiendo.
    ▲ _____.
    a. Yo sí
    b. Yo también
    c. Pues yo

PARA TI Y PARA MÍ

1. ¿De quién se trata?

Relaciona los pronombres en negrita con las personas de la derecha.

1. La secretaria **le** reserva el vuelo.
2. ¿Puedes comprar**les** tú los zapatos?
3. Luis va a enviar**nos** el paquete esta tarde.
4. **Te** puedo comprar la entrada del cine, si quieres.
5. **Os** reservo la mesa en el restaurante, ¿vale?

a. a Carla y a mí
b. a Lara y a ti
c. a su jefe
d. a ti
e. a los niños

2. Regalos para todos

Completa con los pronombres adecuados. Fíjate en las palabras subrayadas.

1. _Le_ he comprado un libro de cocina <u>a mi madre</u> por su cumpleaños.
2. En Navidad Susana y yo ____ regalamos <u>a nuestros padres</u> un vale de cine.
3. • Y <u>a ti</u>, Lucía, ¿qué ____ ha comprado tu marido como regalo de aniversario?
   ▲ Pues, ____ ha preparado una cena muy romántica.
4. La abuela ____ ha comprado <u>a mi padre</u> una corbata horrible. ¡No le gusta nada!
5. Mi tío Eduardo siempre ____ envía <u>a todos nosotros</u> regalos muy prácticos.
6. • Y <u>a vosotros</u>, ¿qué ____ regalan vuestros abuelos?
   ▲ Normalmente ____ compran ropa.

3. ¿Quién? ¿Qué cosa? ¿A quién?

Lee las frases y completa la tabla como en el ejemplo.

	¿Quién?	¿Qué?	¿A quién?
1. ¿Le has dado la maleta a Víctor?	tú	la maleta	le / a Víctor
2. Los abuelos nos regalan dinero para viajar.			
3. ¿Tú me has dado tu libro de viajes?			
4. ¿Os ha mostrado Sofía las fotos?			
5. Les compro un helado a la salida del colegio.			
6. ¡Al fin te regalamos el libro que quieres!			

4. ¿Qué les podemos regalar?

Transforma las frases como en el ejemplo.

1. A la abuela y a mí <u>nos</u> puedes comprar unas tazas. → _A nosotros puedes comprarnos unas tazas._
2. A los vecinos <u>les</u> podéis comprar una botella de vino. → ____
3. A la profesora <u>le</u> podemos comprar unas flores. → ____
4. A Carmen y a ti <u>os</u> puedo comprar unas entradas para la ópera. → ____
5. A mí <u>me</u> pueden comprar el perfume que tanto me gusta. → ____

5. Susana y el reciclaje

a. El vecino de Susana le da consejos para reciclar. ¿Qué hace él con las cosas que se mencionan a continuación? ¡Clasifícalas!

a. MEDICINAS   b. ROPA DE LOS NIÑOS   c. MÓVIL VIEJO

d. JUGUETES USADOS   e. BOTELLAS DE VIDRIO

1. ___ Lo vendo por internet.
2. ___ Las llevo a la farmacia.
3. ___ Los cambio en un mercadillo de intercambio.
4. ___ La utilizo para hacer bolsas de tela.
5. ___ Las tiro en el contenedor.

b. Susana ya sabe qué hay que hacer para reciclar. ¿De qué cinco cosas se habla en estos diálogos? Escucha y relaciona. Después escribe frases con los verbos al margen, como en el ejemplo. ▶ 10–14

Diálogo _5_: bolsas de plástico → _Las usa de nuevo para comprar en el súper._
Diálogo ___: ordenador → _____
Diálogo ___: libros → _____
Diálogo ___: latas → _____
Diálogo ___: mesa → _____

~~usar~~   vender   llevar   regalar   reciclar

6. Francisca y su nuevo piso ▶ 15

Marisa va a visitar a su amiga Francisca a su nuevo piso. Completa las frases con los pronombres que correspondan. Después escucha y comprueba.

os los   nos las   te lo   nos los   me la

1. • ¡Qué bonito es tu piso! ¡Felicidades! ¿Y esas plantas?
   ▲ Pues _____ han dado nuestros vecinos. ¿Te gustan?
   • Sí, son preciosas. ¡Qué simpáticos vuestros vecinos!

2. • Y estos cuadros, ¿quién _____ ha regalado?
   ▲ No, no son un regalo. Los ha pintado Carlos.

3. ▲ Mira, este es el dormitorio.
   • ¡Qué luminoso! Oye, ¿dónde has comprado la alfombra?
   ▲ _____ regaló mi madre el año pasado, antes de la boda.

4. • ¿Y el piso tiene balcón?
   ▲ Sí, claro. Ahora mismo _____ enseño.

5. ▲ Y los muebles del salón, ¿te gustan?
   • Sí, son muy modernos.
   ▲ _____ compraron los padres de Carlos como regalo de boda.

7. Buscamos el sentido

Combina los elementos para formar frases. Usa los verbos del recuadro y observa los dibujos.

1
el osito / Raúl / Mariela

2
una foto / la mujer / el policía

3
Magdalena / su bicicleta / Rodrigo

4
su nieto / el libro / la abuela

5
los alumnos / el profesor / sus cuadernos

~~dar~~   regalar   dejar   enseñar   dar

1. Raúl le da el osito a Mariela.
2. _____
3. _____
4. _____
5. _____

8. ¡A combinar pronombres!

Construye frases en dos pasos como en el ejemplo.

1. alquilar, ellos / el piso / sus amigos
   a. Ellos les alquilan el piso a sus amigos.
   b. Ellos se lo alquilan a sus amigos.
2. regalar, tú / las flores / tu novia
3. dar, nosotros / los juguetes / tú
4. dejar, Laura / la bicicleta / nosotros
5. enseñar, Juan y tú / la ciudad / la nueva estudiante
6. vender, yo / el coche / usted

> **INFORMACIÓN:** Los pronombres *le* y *les* se convierten en *se* en combinación con los pronombres *lo, la, los, las*; y siguen el orden *OI + OD* + verbo:
> Las fotos: <u>Se</u> <u>las</u> enseño a mis amigos.

9. Combinamos más

Transforma las frases como en el ejemplo.

1. Tú nos vas a regalar unos libros. → Tú nos los vas a regalar. Tú vas a regalárnoslos.
2. Ellos os van a enseñar la ciudad. → _____
3. Mamá no me puede leer el cuento. → _____
4. Yo les puedo mandar un correo electrónico. → _____
5. Nosotros te podemos dejar nuestro piso durante las vacaciones. → _____

10. Gerundio

a. Completa las formas que faltan.

1	2	3	4	5	6	7
alquilar		nadar				ir
	dando		haciendo	viendo	pidiendo	

b. Escucha los diálogos: ¿qué están haciendo estas personas? ▶ 16

jugar   dormir   levantarse   estudiar   leer   ducharse

1. El papá... _____
2. Los niños... _____
3. Emma y Julián... _____
4. Marianita... _____
5. Marta... _____
6. Alejandro... _____

11. ¿Qué están haciendo?

Observa los dibujos y escribe qué están haciendo las personas.

1. _____ 2. _____ 3. _____ 4. _____

5. _____ 6. _____ 7. _____ 8. _____

12. Mary y Luzma van de compras

Completa el diálogo con las siguientes palabras.

nada   ninguno (2x)   alguna   ningún   alguno   nadie   alguien   algunos
ninguna   algo   algún

- ¡Mira cuántos pantalones te has probado ya! ¿Cuáles vas a comprar al final?
- ▲ Es que no me gusta _____ (1). No me quedan bien.
- Te traigo otros modelos, seguro que _____ (2) te queda bien.
- ▲ No, mejor vamos a otra tienda.
- Creo que no hay _____ (3) tienda por aquí cerca.
- ▲ ¡Uf! Pues vamos a caminar hasta encontrar _____ (4). La fiesta es esta noche y necesito el pantalón.
- Pero tienes _____ (5) muy bonitos en el armario.
- ▲ Sí, ¡pero _____ (6) me queda bien! Todos me quedan pequeños.
- Bueno, tranquila. ¿Y si te pones mejor _____ (7) vestido?
- ▲ ¡No tengo _____ (8) vestido bonito! Y seguro que _____ (9) se pone vestido en la fiesta.
- Yo creo que un vestido está bien, pero evidentemente yo no entiendo _____ (10) de moda. ¿Por qué no vas de compras con _____ (11) más moderno?
- ▲ ¡Perdona! Mira, ¿por qué no buscamos un café y nos sentamos a tomar _____ (12)?

Mis palabras

13. Cinco regalos para cada persona

¿Qué les regalarías a estas personas? Busca en la unidad cuatro regalos que les vayan bien y piensa tú en un quinto regalo.

Jaime, 68 años, deportista

Jimena, 35 años, madre de dos niños

Raquel, 20 años, estudiante de biología

Simón, 7 años, va al colegio

_____ _____ _____ _____

14. Establecimientos

¿Qué cosas puedes comprar en estos establecimientos? Escribe dos cosas en cada uno.

Panadería

Zapatería

Papelería

Tienda de ropa

Tienda de deportes

Tienda de productos informáticos

Tienda de regalos

15. ¿Con qué palabra van?

Relaciona las siguientes palabras.

1. el aniversario
2. la entrada
3. el objeto
4. el pañuelo
5. la plaza
6. el ramo
7. el vale
8. las gafas

a. de garaje
b. de decoración
c. de bodas
d. para una exposición
e. para una sesión de *spa*
f. de sol
g. de seda
h. de flores

Sonidos del español

16. ¿Qué letras faltan aquí?

¿Qué letras encajan? Escucha y anota las letras correctas. ▶ 17

1. __eso (b / p)
2. ro__a (b / p)
3. __ollo (b / p)
4. ca__a (p / v)
5. __eces (p / v)
6. __ista (p / v)
7. pe__o (r / rr)
8. ca__o (r / rr)

Mis avances en la lengua

Sé...

- Hablar de regalos.
  A mi vecina le regalo...
- Expresar que algo está pasando en este momento.
  Está hablando por teléfono...
- Expresar lo que busco en una tienda.
  Estoy buscando una camiseta de algodón...
- Referirme a objetos o a personas.
  No hay ninguna tienda cerca de aquí...

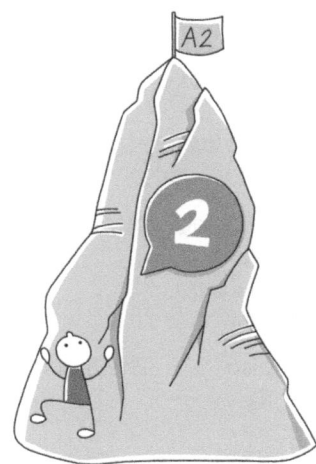

Mi carpeta de textos

Quieres comprarte un par de zapatos. Escribe un diálogo en la zapatería. Utiliza las expresiones que aparecen a continuación.

| quería | ¿qué número? | otro color | este modelo | queda |
| ¿cuánto? | con tarjeta | (no) me los llevo | probarse |

□ Hola, buenas tardes.
○ Buenas tardes. ¿Lo puedo ayudar?
□ Sí, quería...

Test

Elige la opción correcta.

1. ¿A ti qué _____ regalan tus amigos normalmente?
   a. le
   b. te
   c. les

2. A Laura _____ he comprado un perfume.
   a. le
   b. se
   c. la

3. A mis amigos _____ he regalado un libro.
   a. las
   b. los
   c. les

4. Los electrodomésticos _____ he comprado en un centro comercial.
   a. los
   b. me
   c. le

5. ¿Los libros por qué no _____ regalas?
   a. nos
   b. nos los
   c. os

6. La bicicleta voy a _____ a Julia.
   a. darle
   b. dársela
   c. dar

7. El piso _____ he alquilado a una agencia.
   a. le
   b. se
   c. se lo

8. Martina ahora _____ y no puede hablar contigo.
   a. ha trabajado
   b. está trabajando
   c. trabajando

9. Juan _____ probando unos pantalones en una tienda.
   a. se está
   b. está
   c. es

10. El sombrero _____ queda muy bien. ¿Por qué no _____ compras?
    a. te / le
    b. lo / se te
    c. te / te lo

11. Si quiero cortarme el pelo, voy a una _____.
    a. panadería
    b. peluquería
    c. perfumería

12. Si quiero comprar un pañuelo, voy a _____.
    a. una tienda de ropa
    b. una tienda de informática
    c. una tienda de electrodomésticos.

13. En este momento no hay _____ cliente en la tienda.
    a. ningún
    b. alguno
    c. ninguno

14. En la clase ahora no hay _____.
    a. alguno
    b. nadie
    c. alguien

15. No tengo _____ en la nevera.
    a. nada
    b. ningún
    c. algo

16. • ¿Has comprado _____?
    ▲ No, no he comprado _____.
    a. nada / algo
    b. nadie / alguien
    c. algo / nada

17. La exposición es _____. No hay que pagar nada.
    a. cara
    b. gratis
    c. barata

18. Cuando no necesito una cosa la llevo a un _____.
    a. precio
    b. contenedor
    c. garaje

19. Para mi aniversario _____ voy a hacer un viaje con mi marido.
    a. de cumpleaños
    b. de Navidad
    c. de bodas

20. El pañuelo ahora cuesta un 50 % menos. Está _____.
    a. rebajado
    b. efectivo
    c. caro

3

UN AÑO ESPECIAL

1. Gimnasia en dos tiempos

a. Completa las listas NORMALMENTE y AYER como en los ejemplos.

NORMALMENTE	AYER
1. tú ganas	1. _tú ganaste_
2. _ella pide_	2. ella pidió
3. _____	3. ustedes conocieron
4. yo viajo	4. _____
5. _____	5. vosotros disteis
6. yo empiezo	6. _____
7. _____	7. tú decidiste
8. ellos oyen	8. _____
9. yo veo	9. _____
10. él participa	10. _____
11. _____	11. nosotros fuimos
12. nosotros somos	12. _____
13. _____	13. él siguió
14. ella se traslada	14. _____
15. usted duerme	15. _____

b. Escribe tres frases con verbos de la lista NORMALMENTE y tres con verbos de la lista AYER.

> *Normalmente tú ganas a las cartas. Ayer tú ganaste un premio.*

2. El Museo Guggenheim Bilbao

Completa las frases con los verbos en indefinido.

1. Durante años la fundación Guggenheim _____ (buscar, ella) un sitio para abrir un museo en Europa.
2. Bilbao _____ (ser, ella) la ciudad elegida después de considerar varias ciudades europeas como posibles candidatas.
3. Frank O. Gehry, arquitecto canadiense, _____ (ganar, él) el concurso para construir el museo, entre tres candidatos.
4. En 1993 _____ (empezar, ella) la construcción del Museo Guggenheim Bilbao.
5. El museo se _____ (construir, él) con titanio, material que se convirtió en su símbolo.
6. En 2015 más de un millón de personas _____ (visitar, ellos) este museo.

diecinueve **19**

3. ¿Con qué letra?

Completa las letras que faltan en las formas de indefinido de los verbos *buscar, empezar, conseguir, dormir, leer* y *oír*.

(i) (e) (z) (u) (qu) (o) (y) (í) (e)

1. A los siete años empe__c__é a entrenar para ser futbolista en el club de mi barrio. Un año más tarde, mi hermano empe____ó a entrenar también, pero en un club de natación.
2. En la clase de ayer, los estudiantes le____eron y comentaron un artículo muy interesante.
3. En el viaje a México, Ana d____rmió en el avión, pero yo no d____rmí nada por el estrés.
4. En 2015 bus____é un trabajo en Barcelona, un mes después llegaron mi mujer y mi hijo y bus____amos una casa juntos.
5. • ¿O____steis ayer en la radio la noticia sobre Mireia Belmonte?
   ▲ Yo no, pero mis padres sí la o____eron y me la contaron.
   ■ Yo la le____ en un periódico deportivo.
6. • Estoy muy triste. No cons____guí entradas para el concierto de mi grupo favorito.
   ▲ ¡Buenas noticias! Jaime y Caro cons____guieron varias entradas y una es para ti.

4. ¿Regular o irregular?

Une las formas de presente con las formas correspondiente en indefinido. Anota después las dos formas en el infinitivo que corresponda y completa con los pronombres personales adecuados.

(quiero) (puedes) (estamos) (hacéis) (pusiste) (tiene) (vinieron) (dije)

(estuvimos) (quise) (hicisteis) (pudiste) (tuvo) (digo) (vienen) (pones)

1. tener: _tiene → tuvo (él/ella/usted)_
2. estar: _____
3. querer: _____
4. venir: _____
5. poder: _____
6. hacer: _____
7. decir: _____
8. poner: _____

5. ¿Y cómo suena?

a. Coloca estas formas de indefinido en la tabla según su sílaba acentuada.

~~dije~~ celebré conoció hizo ganó tuve estuve nació pedí
pude decidió puso vino participó

Verbos regulares	Verbos irregulares
●●● última sílaba acentuada	●●● penúltima sílaba acentuada
	dije

b. Escucha y comprueba. ▶ 18

6. Amalia en San Sebastián

a. Escucha lo que hizo Amalia el fin de semana pasado y ordena las actividades. ▶ 19

- ☐ visitar la catedral del Buen Pastor
- ☐ subir al monte Urgull
- ☐ tomar unos pinchos
- ☐ conseguir entradas
- ☐ beber un café
- ☐ empezar la visita por la ciudad
- ☐ recorrer la playa de la Concha
- ☐ 1 llegar en avión
- ☐ dormir profundamente
- ☐ acostarse temprano
- ☐ ir a la parte vieja de la ciudad
- ☐ quedarse en un hotel en las afueras

b. ¿Qué hizo Amalia el fin de semana pasado? Escribe un texto con la información de **6a**.

El fin de semana pasado Amalia estuvo en San Sebastián. Llegó en avión y...

7. ¿Cuándo pasó o ha pasado?

a. Señala con diferentes colores las expresiones de tiempo que corresponden al indefinido y las que corresponden al pretérito perfecto.

la semana pasada   hoy   ya   el año pasado   este año
en 2014   últimamente   este mes   el mes pasado   alguna vez
hace mucho   esta semana   ayer   hace dos años   todavía no

b. Relaciona las frases con la expresión de tiempo adecuada.

1. Mis amigos de España han estado en Salzburgo
2. También estuvieron en Salzburgo
   a. el año pasado.
   b. este año.

3. ¿Has subido a esa montaña
4. ¿Subiste a la montaña
   a. la semana pasada?
   b. alguna vez?

5. Vimos esa película sobre deportes extremos
6. Hemos visto muchas películas
   a. este mes.
   b. en 2016.

7. Los chicos cocinaron la paella
8. Los chicos han cocinado la paella
   a. ayer.
   b. hoy.

8. ¿Ser o ir?

Lee las siguientes frases y escribe si se usa el verbo *ser* o el verbo *ir*.

1. ¿**Fuiste** a clase ayer? No te vi. _____.
2. El año 2017 **fue** un año muy especial para mis padres. _____.
3. ¿Cuándo **fuiste** a la fiesta? _____.
4. Nosotros **fuimos** a pie a la estación en cinco minutos. _____.
5. Mi abuelo **fue** un escultor muy famoso en su país. _____.
6. La conferencia de ayer **fue** muy interesante. _____.
7. ¿Quién **fue** el presidente de tu país en los años 80? _____.
8. Esos **fueron** los mejores años de su vida. _____.

9. Mis amigos del colegio

¿Perfecto o indefinido? Subraya el tiempo correcto. Las expresiones de tiempo pueden ayudarte.

La semana pasada hemos tenido / tuvimos la reunión para celebrar los diez años de nuestra graduación de bachillerato. Ha tenido / Tuvo lugar en una finca abandonada que ahora se usa para eventos de este tipo. Yo ya he estado / estuve en tres fiestas allí y me encanta. Durante la reunión he podido / pude ver a los compañeros de mi generación. Últimamente no nos hemos visto / vimos con mucha frecuencia. Marisa se ha casado / se casó el año pasado y se ha ido / se fue a vivir a Canadá. Hace un año Andrea ha participado / participó en tres proyectos importantes de la NASA y se ha marchado / se marchó a Washington. Gilberto es el artista del grupo y se dedica a la escultura. Ya ha expuesto / expuso sus trabajos en el extranjero y este mes ha ganado / ganó un premio muy importante. Bueno, ¿y yo? Pues hace dos años he regresado / regresé de Italia, donde he estudiado / estudié Arquitectura y ahora tengo mi propia empresa en Madrid.

10. ¿Experiencias positivas o negativas?

¿Cómo valoran estas personas sus vivencias? Completa los diálogos con los adjetivos que aparecen a continuación y con el verbo *ser* en indefinido o pretérito perfecto.

desagradable   bonito   horrible   divertido   fantástico

1. ● ¿Cómo les fue de vacaciones?
   ▲ En las vacaciones muy bien, pero cuando regresamos la semana pasada, encontramos nuestra casa abierta. Entraron a robar. ¡_____!
2. ● Hoy hace muchísimo frío, ¿y habéis ido a pasear al bosque?
   ▲ Sí. No ha sido una buena idea. ¡_____!
3. ● De vuestro viaje a Perú el verano pasado, ¿qué fue lo que más os gustó?
   ▲ A mí me gustó mucho Machu Picchu. A Alfredo, la ciudad de Lima. Pero en realidad nos gustó todo. ¡_____!
4. ● ¿Qué tal esta mañana la despedida de Jorge?
   ▲ Pues le ha encantado nuestro regalo de despedida y se ha emocionado mucho. ¡_____!
5. ● Ayer por la tarde fuimos al cine a ver una película genial. Nos reímos todo el tiempo, desde el principio hasta el final. ¡_____!

Mis palabras

11. ¿Cómo se usa?

a. Relaciona las tres columnas. Hay varias posibilidades.

1. participar		a. un megaconcierto
2. ir		b. manifestaciones
3. trasladarse	a	c. televisión
4. ver un evento	en	d. la guardería
5. salir	por	e. lugares increíbles
6. entrar		f. la calle
7. pasar		g. Miami

Muchos estudiantes participaron en manifestaciones en 1968.

b. Escribe frases en indefinido con tres de las combinaciones de **11a**.

12. Eventos

Completa la expresiones con las siguientes palabras. Hay varias posibilidades.

de estudios   del cumpleaños   deportivo/-a   popular   de una novela
espacial   al aire libre   de oro   de natación

1. el acontecimiento _____
2. la beca _____
3. el campeonato _____
4. la celebración _____
5. la medalla _____
6. la misión _____
7. la publicación _____
8. el concierto _____
9. la fiesta _____

13. Sustantivos y verbos

Escribe el verbo o el sustantivo que falta.

1. _____ → viajar
2. la celebración → _____
3. _____ → soñar
4. el vuelo → _____
5. _____ → contratar
6. el cambio → _____
7. _____ → manifestarse
8. la publicación → _____

14. Lugares

Escribe un nombre para cada uno de estos lugares.

1. Un desierto: _____
2. Una cordillera: _____
3. Un lago: _____
4. Unas ruinas: _____
5. Una isla: _____
6. Un continente: _____

El desierto de Atacama

Sonidos del español

15. ¿Cuántas sílabas tienen?

a. Separación de sílabas. Observa estas palabras y completa las reglas con ellas.

> ma – es – tra   rí – o   via – je   lí – ne – a   vues – tro   dí – a

> **MI GRAMÁTICA:**
> 1. Dos vocales fuertes seguidas se pronuncian en dos sílabas separadas, por ejemplo: _____, _____.
> 2. También sucede que dos vocales se pronuncian seguidas y forman una sola sílaba (diptongo). En este caso una de las vocales es una *i* o una *u* átona, por ejemplo: _____, _____.
> 3. Cuando las vocales débiles *i* o *u* van acompañadas de una vocal fuerte y son tónicas se les añade una tilde (acento gráfico) y se separan en dos sílabas, por ejemplo: _____, _____.

Vocales fuertes
A E O

Vocales débiles
I U

b. Separa las sílabas como en el ejemplo. Después escucha y comprueba. ▶ 20

1. guía → guí – a
2. familia → _____
3. nuestro → _____
4. farmacia → _____
5. real → _____
6. estudiantes → _____
7. creo → _____
8. envío → _____
9. lengua → _____
10. compañía → _____

c. Relaciona las palabras anteriores con las reglas de **15a**.

Regla 1: _____
Regla 2: _____
Regla 3: guía, _____

Mis avances en la lengua

Sé...

- Hablar de acontecimientos del pasado.
  Nació en Madrid en...
- Hablar de vivencias especiales.
  Un año especial para mí fue...
- Valorar una experiencia pasada.
  Fue fantástico...

Mi carpeta de textos

Lee de nuevo el texto sobre el viaje del Che. Escribe después un texto sobre un viaje que has hecho tú. ¿Adónde has viajado? ¿Cuándo fue? ¿Cómo has viajado? ¿Con quién? ¿Cómo fue la experiencia? ¡Pon especial atención a los tiempos verbales!

Test

Elige la opción correcta.

1. ¿Tú _____ en Argentina o en Uruguay?
   a. naciste
   b. nació
   c. nací

2. Nosotros _____ el año pasado por Sudamérica.
   a. viajamos
   b. viajaron
   c. hemos viajado

3. Un año especial para mí _____ el 2016 porque me casé.
   a. hubo
   b. fue
   c. fui

4. Mi grupo favorito _____ un concierto en mi ciudad en agosto.
   a. dio
   b. fue
   c. estuvo

5. El curso pasado yo _____ una beca.
   a. pide
   b. pedí
   c. pidió

6. Ayer _____ muy mal y hoy estoy muy cansado.
   a. durmió
   b. dormí
   c. duermo

7. Durante la manifestación la gente _____ la plaza.
   a. tomó
   b. salió
   c. tuvo

8. El martes _____ en una conferencia.
   a. fui
   b. estuve
   c. di

9. El otro día _____ a mis amigos en Valencia.
   a. he visitado
   b. visité
   c. visito

10. Esta mañana _____ mi primer día de clase.
    a. he estado
    b. ha sido
    c. he ido

11. Esta semana _____ dos campeonatos en la ciudad.
    a. han habido
    b. ha habido
    c. han sido

12. ¡He _____ una semana fantástica!
    a. tenido
    b. sido
    c. habido

13. Ayer Santi no _____ con nosotros a la excursión.
    a. vine
    b. vino
    c. fui

14. Estuve en Madrid _____ dos años.
    a. desde
    b. hace
    c. hizo

15. Me gustó mucho la fiesta. Fue muy _____.
    a. fantástica
    b. divertida
    c. excelente

16. El atleta _____ una copa en el campeonato.
    a. tuvo
    b. llegó
    c. ganó

17. Mi madre _____ tu libro y le gustó mucho.
    a. leí
    b. leyó
    c. lió

18. No sé dónde _____ las llaves anoche.
    a. puse
    b. pude
    c. olvido

19. ¿Has probado _____ el ceviche?
    a. todavía
    b. alguna vez
    c. ya no

20. Ayer Isabel _____ gimnasia en casa y hoy _____ a correr al parque.
    a. hice / he ido
    b. ha hecho / fue
    c. hizo / ha ido

4

CON TUS MANOS

1. Veo, veo...

Busca objetos con estas características.

tres cosas de plástico	tres cosas de cuero	tres objetos decorativos	tres cosas rectangulares
_____	_____	_____	_____
_____	_____	_____	_____
_____	_____	_____	_____

2. En el bazar de artesanías

a. Luz busca un regalo para su amiga. Escucha y ordena los objetos que se mencionan. ▶ 21

 1    2    3    4    5   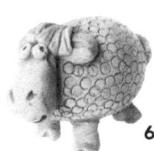 6

b. Completa el diálogo con estas palabras. Escucha otra vez y comprueba.

madera   útiles   ovalados   redonda   preciosos   decorativas   metal   bonita   original

- ● Buenas tardes, señora. ¿La puedo ayudar?
- ▲ Buenas tardes. Sí, mire, estoy buscando un regalo _____ (1) para una amiga.
- ● Bueno, en nuestro bazar encuentra todo tipo de objetos únicos realizados por artistas.
- ▲ Mmm. A ver, esos marcos para fotos, ¿de qué material son?
- ● Estos _____ (2) se hacen de cartón. ¿Verdad que son _____ (3)?
- ▲ Bueno, no sé. ¿Y esas figuras?
- ● Son de _____ (4). Se hacen con metal reciclado.
- ▲ Son realmente muy _____ (5), pero no son _____ (6). A ver, esa ensaladera...
- ● ¿Esta _____ (7)?
- ▲ Sí, sí, esa. ¿De qué material es?
- ● Es de _____ (8). Es muy ligera y resistente.
- ▲ Sí. ¡Perfecto! Me llevo la ensaladera. Es muy _____ (9), ¡y qué práctica!

3. Ayudantes en la casa

Relaciona los aparatos con su descripción y describe uno más.

1. Sirve para abrir latas fácilmente. Funciona con batería recargable.
2. Sirve para encender y apagar la radio o la tele. Funciona a pilas.
3. Sirve para mantener fríos los alimentos y conservarlos. Funciona con electricidad.
4. Se usa para iluminar y funciona a pilas.

Mi aparato: _____

 ○ la linterna

 ○ mando a distancia

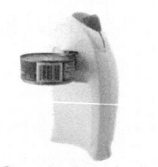 ○ el abrelatas eléctrico

 ○ el frigorífico

4. Adivina qué es

a. Lee el nombre de los siguientes objetos. Escucha después el concurso de radio y anota el orden correcto en que se mencionan. ¿De qué objetos se trata? ▶ 22

__ la tableta   __ la secadora de ropa   __ la impresora   __ el secador de pelo

b. Completa con *que, donde, para* y *de*. ¿Adivina de qué objeto se trata?

1. Es un objeto alargado _____ se abre y se cierra. Es _____ tela, _____ metal y _____ plástico o _____ madera. Es muy práctico _____ protegerse de la lluvia. En las tiendas _____ lo compras también puedes comprar otros complementos. ¿Qué es? _____.

2. Es un mueble de la casa _____ se usa _____ comer o _____ escribir sobre él. Generalmente es _____ madera, pero puede ser _____ metal o _____ vidrio. Las formas más comunes son cuadrada, redonda, ovalada o rectangular. ¿Qué es? _____.

3. Es _____ diversas formas y colores. El material puede ser también variado: a veces es _____ cuero, pero también puede ser _____ tela o _____ plástico. Es un objeto _____ puedes guardar tus cosas cuando sales de casa. ¿Qué es? _____.

5. El piso de Jimena

¿Cómo están las cosas en el piso? Escribe frases con *estar* + participio de los siguientes verbos.

abrir   romper   encender   hacer   pintar   ~~colgar~~   tirar   amueblar

1. la cocina → _____
2. la puerta → _____
3. el piso → _____
4. la cama → _____
5. la televisión → _____
6. las paredes → _____
7. el cuadro → El cuadro está mal colgado.
8. la ropa → _____

veintisiete 27

6. El catálogo de la Feria del Hogar

Completa el texto con *estar* y el participio de los verbos indicados.

Bienvenido a la Feria del Hogar, donde tenemos las últimas tendencias para la decoración de su casa. _¡Estamos encantados_ (*encantar, nosotros*) de recibirlo y de mostrarle nuestros nuevos productos! Nuestras puertas _____ (*abrir, ellas*) para usted durante toda esta semana.
¿La lámpara de su dormitorio _____ (*romper, ella*)?
¿La decoración del salón _____ (*pasar, ella*) de moda?
Nosotros tenemos la solución. Nuestras ideas _____ (*tomar, ellas*) de las mejores revistas internacionales. Los muebles modernos _____ (*hacer, ellos*) de materiales de alta calidad y los colores _____ (*inspirar, ellos*) en la naturaleza. Aquí también encuentra nuevas ideas para iluminar su vida. Nuestras lámparas de diseño _____ (*exponer, ellas*) en la sala B.

7. ¿Dónde está?

a. Relaciona los dibujos con las palabras.

___ al lado (de)
___ en la pared
___ dentro (de)
___ encima (de)

___ en el piso de arriba / abajo
___ en un rincón (de)
___ fuera (de)

b. Describe una habitación de tu casa con las expresiones de **7a**.

8. Jimena arregla su piso

Busca en el dibujo las siguientes cosas y describe dónde están, como en el ejemplo.

1. la televisión – (la habitación)
   La televisión está dentro de la habitación.
2. la foto – (la pared)
   ___
3. la silla – (la cama)
   ___
4. la lámpara – (la cómoda)
   ___
5. la ropa – (la cómoda)
   ___
6. la puerta – (la cocina)
   ___

9. Mi habitación

¿Cómo es tu habitación? Describe cómo es, qué objetos hay y dónde están.

Mi habitación es moderna. Encima de la cama hay una ventana y al lado de la cama hay...

Mis palabras

10. ¿Qué podemos hacer con estas cosas?

Combina las siguientes palabras con el verbo correspondiente. Hay varias posibilidades.

muebles   el pan   ~~la lavadora~~   el pelo / el césped
las ruedas del coche / las pilas de la linterna
la ropa / el pelo   manualidades / punto / tartas   verduras en casa
un cuadro / una lámpara   la pared   la casa

1. cambiar _____
2. arreglar   la lavadora
3. cultivar _____
4. hacer _____
5. cortar _____
6. colgar _____
7. montar _____
8. pintar _____
9. tostar _____
10. secar _____
11. decorar _____

11. Materiales

Escribe objetos que normalmente están hechos con los siguientes materiales.

1. de barro: un jarrón
2. de tela: _____
3. de cartón: _____
4. de cristal: _____
5. de hierro: _____
6. de cerámica: _____
7. de madera: _____
8. de papel: _____
9. de plástico: _____
10. de cuero: _____

12. Formas

¿Qué formas tienen estos marcos? Escríbelas.

1. _____   3. _____
2. _____   4. _____

 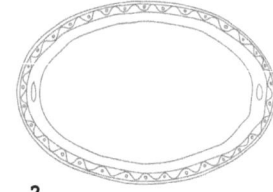 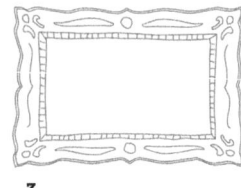 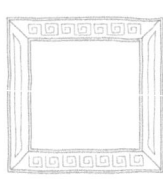

1 2 3 4

Sonidos del español

13. El resilabeo

a. Escucha y lee. ¿Notas que las vocales y las consonantes marcadas se pronuncian juntas? ▶ 23

1. Lo**s ho**mbres so**n há**biles.
2. Una botella d**e a**gua.
3. ¿N**o e**s preciosa?
4. S**e ha**cen con barro.
5. Una bols**a o**riginal.
6. E**l l**ibr**o e**s interesante.
7. Tien**e u**n CD con recetas.
8. ¿Qu**é e**s?

> **INFORMACIÓN:**
> En algunas ocasiones hay palabras que no se pronuncian separadas, sino que se unen (*resilabeo*).
> ▶ Cuando dos vocales (iguales o diferentes) coinciden, se pronuncian como si fueran una sola vocal, por ejemplo: *¿Qués?* o *¿Noes preciosa?*
> ▶ Cuando una consonante (al final de una palabra) y una vocal (al principio de la siguiente) coinciden, se pronuncian como si fueran una sílaba, por ejemplo: *lo-shombres*.
> ▶ Cuando coinciden dos consonantes iguales, se pronuncian como si fueran una única consonante, por ejemplo: *e-li-bro*.

b. Escribe las frases correctamente. Después escucha y comprueba. ▶ 24

1. ¿Quién-cree-ques-muyhá-bil? → *¿Quién cree que es muy hábil?*
2. ¿Qué-noha-ce-nun-ca? → _____
3. Son-lo-sob-je-tos-que-llas-mis-mas-han-he-cho. → _____
4. ¿Noes-pre-cio-sa? → _____
5. El-re-sul-ta-does-fan-tás-ti-co. → _____
6. Seu-sa-pa-ra-cor-tarel-cés-ped. → _____
7. ¿Có-moes-tán-de-co-ra-das-las-pa-re-des? → _____
8. ¿Tie-neob-je-toso-mue-bles-res-tau-ra-dos? → _____

Mis avances en la lengua

Sé...

- Describir objetos.
  La lámpara es redonda...
- Indicar la utilidad de un objeto.
  Sirve para limpiar el suelo...
- Expresar el resultado de una acción.
  La casa está reformada...

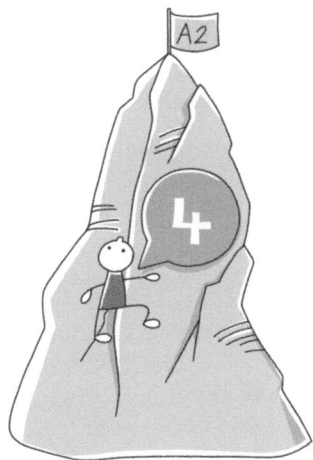

Mi carpeta de textos

Busca en internet "inventos originales" y escoge un invento. Descríbelo en un texto breve (de qué está hecho, su función, etc.). Puedes añadir alguna foto a tu texto.

En internet he encontrado un objeto de goma muy práctico. Sirve para...

Test

Elige la opción correcta.

1. Tengo el coche en el taller porque tienen que cambiar las _____.
   a. tazas
   b. ruedas
   c. tijeras

2. Hemos comprado un armario, pero ahora tenemos que _____.
   a. cortarlo
   b. hacerlo
   c. montarlo

3. ¿_____ tú la lámpara?
   a. Has cultivado
   b. Has colgado
   c. Has cortado

4. El espejo es de _____.
   a. ovalado
   b. madera
   c. redondo

5. El reloj es _____.
   a. metal
   b. cuadrado
   c. cuero

6. Mi robot es muy _____.
   a. original
   b. decorativa
   c. práctica

7. Esta máquina _____ a pilas.
   a. sirve
   b. usa
   c. funciona

8. Si quieres saber qué hora es, tienes que mirar _____.
   a. la batidora
   b. el reloj
   c. el barómetro

9. Aquí fue _____ compré la tostadora.
   a. que
   b. en que
   c. donde

10. Mi casa tiene un estilo muy _____, está decorada con muchos objetos que compré en mis viajes a África.
    a. étnico
    b. rústico
    c. clásico

11. El piso está en perfectas condiciones. Puedo entrar a vivir hoy mismo porque está _____.
    a. reformado
    b. inacabado
    c. rodeado

12. He comprado un robot para _____ el suelo.
    a. cortar
    b. limpiar
    c. funcionar

13. Para la fiesta hemos puesto muchos _____ en las paredes.
    a. manualidades
    b. adornos
    c. acogedores

14. Esta máquina funciona con baterías _____.
    a. garantías
    b. recargables
    c. a pilas

15. El niño ha jugado con la lámpara y ahora está _____.
    a. rota
    b. roto
    c. puesta

16. Tengo muchos objetos inútiles en casa y me tengo que _____ de ellos.
    a. reciclar
    b. deshacer
    c. restaurar

17. Mis recuerdos _____ parte de mi vida y por eso están en toda mi casa.
    a. hacen
    b. están
    c. forman

18. Cuando algo no funciona hay que _____.
    a. reformarlo
    b. arreglarlo
    c. rodearlo

19. El piso _____ vimos ayer me gustó mucho.
    a. donde
    b. que
    c. cual

20. La mesa está _____ la alfombra.
    a. encima
    b. al lado de
    c. fuera

¿CÓMO ERA ANTES?

1. **¿Cómo era antes sin...?**

   a. Subraya los verbos que están en imperfecto.

   lavaba   cocinó   iban   jugaron   leía   sonó   tuvieron
   escribíamos   pasaron   fueron   llamaba   llevaste

   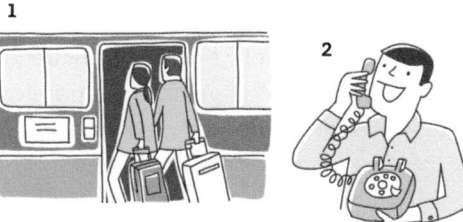

   b. ¿Cómo era la vida de estas personas sin estos inventos? Completa las frases con la ayuda de los dibujos y con los verbos subrayados en **1a**.

   1. Hace años Clara y Pablo no tenían coche, por eso _____.
   2. Cuando no tenía móvil, _____.
   3. Antes mi madre no tenía lavavajillas, por eso _____.
   4. Hasta hace unas décadas no había ordenadores y _____.
   5. Antes no tenía tableta y _____.

2. **¡Así vivíamos antes!**

   Escribe frases en imperfecto con los elementos de las tres columnas. Hay varias posibilidades.

La gente	encantar	la ropa a mano.
Mi familia	tener	las canciones de Bob Dylan.
Mis hermanos y yo	ir	la serie "Bonanza" juntos.
Las mujeres	lavar	a pie a la escuela.
A mi madre le	escribir	las cartas a mano.
Mis abuelos	ver	de vacaciones en coche o en tren.
	escuchar	una televisión en blanco y negro.
		las noticias en la radio, no había televisión.

3. **¿Cómo eran? ¿Qué tenían?**

   a. Describe estos aparatos usando *eran*, *tenían* y las siguientes palabras.

   compacto   de plástico   teclas grandes   pantalla   teclas pequeñas   pequeño   grande   antena

   En los años 80 los móviles _____ _____.

   En los años 90 los móviles _____ _____.

   b. Describe otro aparato usando *eran* y *tenían*.

   En los años...

4. Cosas del pasado

a. Escucha el diálogo entre Juan Manuel y Miguel, dos amigos de la infancia. ¿De qué objeto hablan? ▶ 25

_____

b. Escucha nuevamente y marca si las siguientes afirmaciones son verdaderas (v) o falsas (f).

	v	f
1. Juan Manuel y Miguel se encuentran casualmente en la calle.	○	○
2. A Miguel no le gustan los aparatos.	○	○
3. Miguel quiere pedir información sobre un nuevo modelo.	○	○
4. La imagen es muy buena.	○	○
5. Miguel movía la antena para tener señal.	○	○
6. Los telemandos antes tenían pocos botones.	○	○
7. Miguel ahora también quiere comprar una.	○	○

5. Los recuerdos de la abuela

Milagros le cuenta a su nieta Inés sus recuerdos de cuando era joven. Completa el texto con las formas de imperfecto de los siguientes verbos.

pasar   tener   ser   comer   pasear   tomar   quedarse   vivir (2x)   salir   ir   estudiar   venir

¡Ay, hija! ¡Qué recuerdos! La vida _____ (1) muy diferente antes. A los 19 años (yo) _____ (2) en casa de mis padres, como era normal entonces, y _____ (3) para ser secretaria. Me acuerdo de que los domingos (yo) _____ (4) a la iglesia con mi madre o con las tías. Después (nosotras) _____ (5) en el parque del Recuerdo o _____ (6) un helado en la plaza Mayor. A las tres toda la familia siempre _____ (7) junta. En aquellos años (yo) _____ (8) una amiga, Marina, que _____ (9) cerca y los domingos por la tarde _____ (10) a casa. No (nosotras) _____ (11) con otros amigos, sino que (nosotras) _____ (12) en mi habitación y _____ (13) muchas horas escuchando música.

6. Para recordar el pasado

a. ¿Cuáles de las siguientes expresiones se usan para hablar de recuerdos? Márcalas.

b. Escribe tres frases con las expresiones marcadas en **6a**.

1. _____
2. _____
3. _____

hoy en día   de niño/-a
ahora
   hace años   **antes**
actualmente
   a los 15 años
en la actualidad
   en este momento
en los (años) 90
   cuando era joven

7. Mi infancia a los diez años

Completa las frases y escribe tus recuerdos a los 10 años.

1. Me acuerdo de _mi amigo Simón, que vivía muy cerca de mi casa._
2. Me acuerdo de que _____.
3. Cuando tenía 10 años _____.
4. De niño/-a _____.
5. A los 10 años siempre _____.
6. Cuando era pequeño/-a _____.
7. _____.
8. _____.

8. La vida antes y ahora

a. En un trabajo para la universidad, Inés compara su vida con la de sus abuelos a los 20 años. Completa las formas verbales que faltan.

	acción	Inés (ahora)	sus abuelos (antes)
1.	_escribir_ cartas	escribe cartas en el ordenador	_escribían_ cartas a mano
2.	ir al supermercado	_____ al supermercado en coche	_____ al mercado a pie
3.	_____ la ropa	_____ la ropa en la lavadora	lavaban la ropa a mano
4.	_____ películas	ve películas en el ordenador	_____ películas en el cine
5.	_____	_____ con amigos	viajaban solo con sus padres
6.	llevar vaqueros	_____ vaqueros	no _____ vaqueros
7.	ser independiente	_____ independiente	no _____ independientes
8.	_____ idiomas	_____ idiomas	no aprendían idiomas
9.	_____ a pasear	sale a pasear con amigos	_____ a pasear con la familia
10.	vivir	_____ sola	_____ con sus padres

b. Escribe un texto con los datos del trabajo de Inés en **8a**. Usa expresiones como: *antes, ahora, pero* y *en cambio*.

> Antes la vida era muy diferente. Ahora escribo cartas en el ordenador, en cambio mis abuelos escribían cartas a mano...

9. Antes y ahora

Completa las frases con los verbos *ser, ir, ver* o *haber*.

1. Antes _____ menos coches en las ciudades y menos contaminación.
2. Hace unos años todo _____ más barato que ahora.
3. Antes la gente _____ más películas en los cines, ahora hay cada vez menos salas.
4. De pequeño _____ a la escuela en autobús o a pie.
5. Creo que en la época de mis padres la gente _____ más educada.
6. En los años 90 aquí no _____ turistas y ahora se ha puesto de moda y viene mucha gente

10. De una ciudad industrial a la playa

a. Pilar se ha mudado de Saltillo, una ciudad industrial en el norte de México, a Playa del Carmen, en el Caribe mexicano. ¿Cómo era su vida antes? ¿Cómo es ahora? Relaciona las acciones con la foto correspondiente.

1 SALTILLO 800 000 habitantes

2 PLAYA DEL CARMEN 150 000 habitantes

- ◯ ir al trabajo en bici
- ◯ comer con prisas
- ◯ hacer ejercicio en la playa
- ◯ hacer ejercicio en el gimnasio
- ◯ bucear frecuentemente
- ◯ comer con calma

- ◯ encontrarse con amigos dos veces por semana
- ◯ nadar en la piscina
- ◯ ir al trabajo en autobús
- ◯ ir sola al teatro frecuentemente
- ◯ ver a sus amigos una o dos veces al mes
- ◯ nadar en el mar

b. Escucha y comprueba. Después escribe frases comparando la vida de Pilar antes en Saltillo y ahora en Playa del Carmen. ▶ 26

Antes en Saltillo,
Pilar iba al trabajo en autobús...

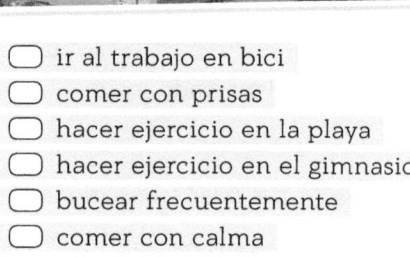

Ahora en Playa del Carmen,
Pilar va al trabajo en bici...

Mis palabras

11. El intruso

¿Cuál es el intruso? Tacha la palabra que no pertenece al grupo.

1. bolígrafo – papel – lavavajillas – máquina de escribir
2. antes – a los cinco años – hace años – hoy
3. alfombrilla – ratón – lavadero – tecla
4. salía – ciencia – ponía – tenía
5. cámara – ordenador – móvil – silla
6. lavadora – televisión – fregona – navegador
7. grande – botón – pesado – incómodo
8. lavaba – salí – pensaba – hablaba

12. ¿Se dice igual?

Así es cómo se llaman los siguientes objetos en España, ¿sabes cómo se llaman también en otros países? Búscalo en esta unidad.

1. El bolígrafo
2. El ordenador
3. El móvil
4. El coche

13. Objetos de otra época

Haz una lista de objetos que ya no se usan. ¿Sabes cómo se llaman en español? Puedes buscarlos en un diccionario. Después compara tu lista con la de tu compañero, ¿quién tiene más objetos?

14. El Tren a las Nubes

Escribe los sinónimos de las siguientes palabras. Todas ellas aparecen en el texto de "El Tren a las Nubes", en el libro del alumno.

comienza   atraviesa   despacio   tren   mirar
construido   viajero   ruta   seco   puente

1. cruza: _____
2. empieza: _____
3. ferrocarril: _____
4. pasajero: _____
5. viaducto: _____
6. edificado: _____
7. contemplar: _____
8. árido: _____
9. lentamente: _____
10. recorrido: _____

Sonidos del español

15. Vocales juntas

a. Escucha las palabras y subraya la vocal que se pronuncia con más fuerza. Después relaciona los grupos con las definiciones. ▶ 27

Grupo 1: **ai** – re   c**iu** – dad   des – p**ué**s
Grupo 2: U – ru – g**uay**   b**uey**   se – m**iau** – to – má – ti – ca
Grupo 3: p**a** – **í**s   ca – c**a** – **o**   t**í** – **o**

Vocales fuertes
A E O

Vocales débiles
I U

Triptongo
Cuando tres vocales aparecen seguidas y se pronuncian juntas forman lo que se denomina triptongo. La vocal átona es siempre la del medio.
→ Grupo __

Hiato
Cuando dos vocales fuertes se pronuncian juntas pero se separan en dos sílabas. También hay hiato cuando las vocales débiles *i* o *u* aparecen juntas con vocales fuertes y son tónicas. En ese caso se les añade una tilde y se separan en dos sílabas. → Grupo __

Diptongo
Cuando dos vocales, una fuerte y otra débil, aparecen en una sílaba y se pronuncian juntas. También hay diptongo en la combinación de dos vocales débiles: *ui* y *iu*, en este caso el acento recae siempre sobre la segunda vocal. → Grupo __

b. Lee las palabras en voz alta. Después escucha y coloca las palabras en los grupos correspondientes. ▶ 28

estudiar   paella   televisión   estudiáis   toalla   guau   antiguo   actuáis   teatro   euro

1. Triptongo: _____
2. Hiato: _____
3. Diptongo: _____

Mis avances en la lengua

Sé...

- Describir circunstancias de la vida en el pasado.
  Cuando era joven...
- Comparar presente y pasado.
  Antes la gente no...
- Describir características de personas u objetos en el pasado.
  Hasta hace unos años...
- Hablar de recuerdos.
  Me acuerdo de que...   . A los 12 años...
- Expresar contraposición.
  Antes...   , en cambio ahora...

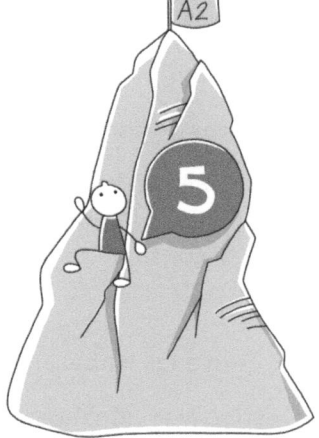

Mi carpeta de textos

La familia Flores se ha mudado de un tercer piso a una casa unifamiliar. La madre, Margarita, compara su vida actual con su vida anterior. Escribe un texto y utiliza el imperfecto y las siguientes expresiones:

Me acuerdo de (que)   Cuando vivíamos en el piso   En el piso siempre
Cuando tenía que subir al tercer piso   Íbamos al parque   Antes   En cambio ahora

Test

Elige la opción correcta.

1. El bolígrafo en Argentina se llama _____.
   a. birome
   b. carro
   c. celular

2. Una década son _____.
   a. cien años
   b. diez años
   c. cincuenta años

3. _____ es un invento que sirve para limpiar el suelo.
   a. El lavadero
   b. El navegador
   c. La fregona

4. _____ se pone encima de una alfombrilla.
   a. El ratón
   b. El birome
   c. El teclado

5. Una aspiradora es un _____.
   a. medio de transporte
   b. aparato
   c. mueble

6. Antes la gente _____ a mano. Ahora todo el mundo lo hace con un ordenador.
   a. escribe
   b. escribió
   c. escribía

7. ¿Cómo _____ la gente antes de inventarse el ordenador?
   a. vivían
   b. vivía
   c. vivieron

8. Y tú de pequeño ¿dónde _____ las vacaciones?
   a. pasaste
   b. pasabas
   c. pasó

9. De niño _____ a la escuela a pie.
   a. iba
   b. era
   c. fui

10. Cuando no _____ lavadoras, la gente _____ a mano.
    a. hubo / lavó
    b. había / lavaba
    c. hubo / lavaba

11. De pequeño, con la escuela, siempre _____ de excursión una vez al mes.
    a. éramos
    b. fuimos
    c. íbamos

12. _____ de que en mi casa teníamos un sofá de color rojo.
    a. Me acuerdo
    b. Acuerdo
    c. Recuerdo

13. En los años 50 la televisión era _____.
    a. en color
    b. en blanco y negro
    c. en negro y blanco

14. El GPS es un _____.
    a. navegador
    b. computadora
    c. móvil

15. Antes de inventar el avión la gente viajaba en _____.
    a. tren de alta velocidad
    b. barco
    c. coche eléctrico

16. _____ es el primer periodo de la vida.
    a. La jubilación
    b. La adolescencia
    c. La infancia

17. De niños, Juan y Luis _____ en el parque.
    a. jugaron
    b. jugaban
    c. han jugado

18. _____ hace unos años mi padre trabajaba mucho. Actualmente trabaja menos.
    a. Hasta
    b. En cambio
    c. Ahora

19. _____ está jubilado, mi padre está más contento.
    a. Hace
    b. Desde que
    c. Desde

20. Antes ganaba mucho dinero, _____ ahora gano poco.
    a. hasta
    b. ya
    c. en cambio

6

¿Y QUÉ PASÓ?

1. ¡Cómo cambia la vida!

a. En el foro "Vivirfuera", Tere escribe sobre su vida y experiencia de trabajo en el extranjero. Lee el texto y ordena en la tabla los verbos en cursiva.

> El año pasado, al terminar la carrera en la universidad, enseguida *encontré* trabajo en una empresa internacional. *Llevaba* una vida muy cómoda: *trabajaba* de nueve a cinco y *ganaba* bastante bien, pero el trabajo *era* muy monótono. Por las tardes *tenía* bastante tiempo libre: *salía* con amigas o *iba* al cine. *Vivía* en casa de mis padres y no *tenía* preocupaciones mayores.
> Un día me *ofrecieron* trabajar por tres meses en una filial de mi empresa en otro país y *acepté*. Me *trasladé* a ese país y *busqué* un piso para mí sola. Pero la vida no *era* tan cómoda: *trabajaba* muchas horas y *tenía* mucho estrés. Además, por las tardes *hacía* la compra y en casa *tenía que* cocinar y limpiar. ¡No *tenía* tiempo para mí! Después de los tres meses, me *propusieron* quedarme más tiempo, pero *decidí* regresar a mi país.

Acciones y situaciones ~	pasado concluido ●
llevaba, trabajaba...	encontré...

b. Fíjate en la tabla de **1a** y completa la regla.

> **MI GRAMÁTICA:**
> Para la descripción de acciones o situaciones sucedidas en el pasado se utiliza el _____.
> Cuando se habla de acontecimientos del pasado que ya están concluidos, se utiliza el _____.

2. Decisiones importantes

Completa las frases con la información en cursiva en indefinido.

1. Hace años yo no llevaba una vida sana, pero en 2016 (*tener problemas de salud y decidir cambiar de hábitos*)
   → _____
2. Antes no cuidaba la comida, pero el año pasado (*hacer un curso de cocina para preparar comida sana*)
   → _____
3. Por las tardes antes veía la televisión acostada en el sillón, pero el mes pasado (*inscribirse en un gimnasio*)
   → _____
4. En verano comía siempre demasiados helados, pero el verano pasado (*empezar a cuidar mi dieta*)
   → _____
5. Antes iba al trabajo en coche, pero hace tres meses (*comprar una bicicleta*)
   → _____

3. Luis Ángel y sus amigos

Elige la opción adecuada para cada frase.

1. Anoche _____ todos juntos a cenar.
2. Antes _____ juntos cada semana, pero últimamente no, por los exámenes.

a. salimos
b. salíamos

3. Ayer _____ toda la noche en un bar de moda.
4. A las cuatro volvimos a casa porque _____ cansados.

a. estuvimos
b. estábamos

5. Los domingos siempre ___ con Carlos a la montaña.
6. El domingo pasado ___ con Marta a una exposición.

a. fui
b. iba

7. La semana pasada ___ a Marisa por casualidad.
8. Antes la ___ todos los días en la universidad.

a. vi
b. veía

ESTRATEGIA:
Pon atención a los tiempos y al contexto para decidir si debes utilizar el imperfecto o el indefinido.

4. Buenas razones

Transforma las frases usando *porque* o *como* y los verbos en el tiempo adecuado.

1. Cambió la blusa en la tienda *porque* no le gustaba el color.
   → *Como no le gustaba el color, cambió la blusa en la tienda.*
2. Como sus padres se mudaron de casa, tuvo que cambiar de escuela.
   → _____
3. Como no conocía Sevilla, hizo un viaje a esa ciudad.
   → _____
4. Volvimos a casa después de la película porque ya era tarde.
   → _____
5. Regresaron inmediatamente a casa de su paseo por el parque porque llovía mucho.
   → _____
6. Como le encantaban las flores, le regaló un espléndido ramo de rosas a su novia.
   → _____

5. ¿Por qué lo hicieron? ¿Por qué no lo hicieron?

a. Escucha los diálogos y completa las frases con *como* y *porque* como en el ejemplo. ▶ 29-33

1. La llamó otra vez. → *Como no la oía, la llamó otra vez. / La llamó otra vez porque no la oía.*
2. No compró un bolso nuevo. → _____
3. No fue al concierto. → _____
4. Regresó a la oficina. → _____
5. Viajó a México. → _____

b. Escribe tres frases como las de **5a**.

1. _____
2. _____
3. _____

6. El día que cambié de trabajo

a. Eva le escribe un correo a su amiga Liz para contarle los detalles del día en que dejó su trabajo. Contesta a las preguntas con la siguiente información y completa el texto del correo de Eva.

a. en la oficina **b.** discutir con el jefe **c.** estar sola con el jefe **d.** llover mucho **e.** el viernes 23 de febrero **f.** estar estresada y desesperada

1. ¿Cuándo fue? _____
2. ¿Dónde estaba? _____
3. ¿Con quién estaba? _____
4. ¿Qué tiempo hacía? _____
5. ¿Qué pasó? _____
6. ¿Cómo se sentía? _____

```
Querida Liz:
La semana pasada dejé mi trabajo... _____
_____
_____
_____
_____
Así que salí corriendo de la oficina y decidí dejar el trabajo.
```

b. ¿Cómo continúa la historia? Escucha el diálogo y contesta a las preguntas. ▶ 34

1. ¿Qué hizo Eva después? → _____
2. ¿Quién estaba en casa de Nuria? → _____
3. ¿Cómo estaban Nuria y Ramón? → _____
4. ¿Qué hizo Ramón? → _____

c. ¿Qué piensas de la historia de Eva? Marca y escribe por qué.

Pienso que es una historia... porque...

○ divertida   ○ aburrida   ○ romántica   ○ interesante
○ sorprendente   ○ de miedo   ○ increíble

7. La historia de Sandra

a. Completa el texto con los verbos que faltan en *imperfecto* o *indefinido*.

El otro día (*llevar, yo*) _____ (1) a mi hijo pequeño al centro para ver la decoración de la ciudad en Navidades. Primero (*pasear, nosotros*) _____ (2) un poco por la Puerta del Sol y luego (*comer, nosotros*) _____ (3) algo. Más tarde (*ir, nosotros*) _____ (4) a la plaza Mayor para ver el mercadillo de Navidad y mirar los puestos de regalos. Era difícil caminar porque (*haber, ella*) _____ (5) mucha gente. De repente (*darse cuenta, yo*) _____ (6) de que el niño ya no estaba a mi lado. Entonces (*empezar, yo*) _____ (7) a buscarlo por todos sitios y pregunté a la gente, pero sin mucho éxito. Luego (*intentar, yo*) _____ (8) llamar a la policía, pero mi móvil no (*tener, él*) _____ (9) batería. (*Estar, yo*) _____ (10) muy nerviosa. Después de un rato, lo (*encontrar, yo*) _____ (11) en un puesto de juguetes antiguos, miraba un cochecito de juguete, (*estar, él*) _____ (12) muy tranquilo. Al final, le (*comprar, yo*) _____ (13) el cochecito y volvimos a casa contentos después de la pequeña aventura.

b. Subraya las expresiones que sirven para estructurar el texto. Después escríbelas en la categoría adecuada.

1. Para empezar:
   _____

2. Para enumerar las acciones cronológicamente:
   _____

3. Para indicar que algo sucede inesperadamente:
   _____

4. Para indicar que la historia termina:
   _____

8. ¿Valoraciones positivas o negativas?

¿Son positivas o negativas las siguientes valoraciones? Clasifícalas.

divertido/-a   terrible   horrible   bonito/-a
romántico/-a   aburrido/-a   interesante
sorprendente   increíble   bueno/-a   malo/-a
genial   cómodo/-a   fantástico/-a

Valoraciones positivas +	Valoraciones negativas -

9. ¡Qué suerte!

David nos cuenta lo que le pasó la semana pasada. Participa en la conversación y marca la estructura adecuada para reaccionar.

- ¿Sabes?, el otro día me pasó algo increíble.
- <u>¿Sí?, ¿qué te pasó?</u> / ¡Increíble! / ¡Qué horror! (1)
- Pues, que salí de casa para ir al gimnasio y dejé la comida en el fuego. Ya estaba en el metro y de repente me di cuenta. ¡No sabía qué hacer!
- ¡Qué suerte! / ¡Qué me dices! / ¡Qué bien! (2)
- En seguida llamé al móvil de mi mujer, que estaba con los niños en el parque de enfrente, pero no contestaba al teléfono. Entonces llamé a nuestra vecina Lola...
- ¡Qué suerte! / Ajá, ¿y qué más? / ¡Uf, menos mal! (3)
- Pues, que no estaba en casa.
- ¡Qué bien! / ¡Qué horror! / ¡Qué suerte! (4)
- Entonces volví rápidamente a casa y cuando entré, no había luz, había un problema con la electricidad en todo el barrio. Y claro, la vitrocerámica tampoco funcionaba.
- ¡Uf, menos mal! / ¡Qué horror! / Ajá, ¿y qué más? (5)

Mis palabras

10. ¡Para contar historias!

Ordena las siguientes palabras y expresiones según su uso.

divertida   ~~al final~~   de miedo   de repente   ¡Uf, menos mal!   primero   increíble
Ajá, ¿y qué más?   sorprendente   ¡Qué me dices!   luego   ¡Qué horror!

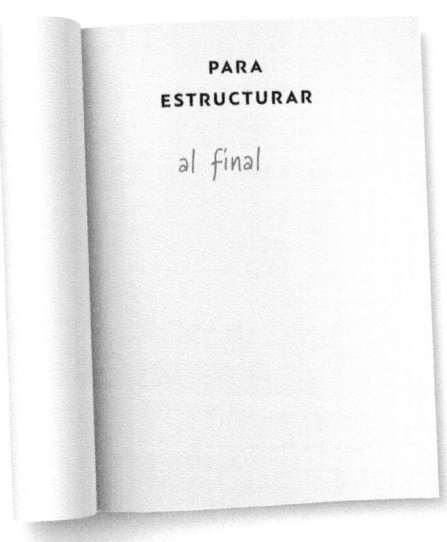

PARA ESTRUCTURAR

al final

PARA VALORAR

PARA REACCIONAR

11. Trabajo y experiencias

Completa la expresiones con las siguientes palabras. Hay varias posibilidades.

un currículum   una decisión   a alguien   éxito   un negocio
un trabajo   a un cliente   una maleta   el ejemplo

1. abrir _____
2. enviar _____
3. tomar _____
4. dejar _____
5. tener _____
6. seguir _____
7. atender _____
8. reclamar _____
9. entrevistar _____
10. perder _____

12. Verbos y sustantivos

Escribe el sustantivo o el verbo que falta.

1. _____ → vender
2. la entrevista → _____
3. _____ → vivir
4. la búsqueda → _____
5. _____ → viajar
6. la reclamación → _____
7. _____ → volar
8. la decisión → _____

44   cuarenta y cuatro

Sonidos del español

13. El acento es importante

a. Lee las palabras. Después escucha y marca la palabra que oyes. ¡Fíjate en el acento! ▶ 35

1. caso – casó
2. entrevisto – entrevistó
3. cambio – cambió
4. hablo – habló
5. dejo – dejó
6. llevo – llevó
7. enseño – enseñó

b. ¿Cuál de las dos palabras es el sustantivo? Márcalo y escribe el artículo. Después escucha y comprueba. ▶ 36

1. ___ viajé – ___ viaje
2. ___ anuncio – ___ anunció
3. ___ paso – ___ pasó
4. ___ reclamó – _el_ reclamo
5. ___ tomó – ___ tomo
6. ___ saco – ___ sacó
7. ___ trabajó – ___ trabajo

> **ESTRATEGIA:**
> Recuerda poner la tilde en los verbos regulares en indefinido. Si no lo haces, ¡algunas formas verbales podrían confundirse con un sustantivo!

Mis avances en la lengua

Ya has llegado al final de la unidad 6. ¡Has conseguido superar la mitad de las unidades! Aquí puedes ver todo lo que ya has aprendido.

Sé...

- Hablar de un acontecimiento del pasado.
  En 2017 cambió de trabajo y se fue a vivir a...
- Describir detalles de una acción o situación sucedida en el pasado.
  Carla vivía con sus padres, pero hace un año...
- Indicar el motivo de algo.
  Como me gustaba viajar, decidí...
- Valorar una historia.
  Es una historia romántica...
- Estructurar una narración.
  El otro día iba al centro en autobús y de repente...
- Reaccionar ante una narración.
  Ajá, ¿y qué más?...

Mi carpeta de textos

Escribe un texto en pasado combinando indefinido e imperfecto. Puedes utilizar los elementos que aparecen a continuación:

- finalmente
- ese día
- es una historia divertida
- entendió
- primero
- el otro día
- encontré a
- era
- estaba
- de repente
- ¡Menos mal!
- con unos amigos
- luego
- como no hablaba
- entendía

Test

Elige la opción correcta.

1. ¿Cuándo _____ dejar tu trabajo?
   a. decidías
   b. decidiste
   c. decidía

2. ¿Cómo _____ tu vida hace cinco años?
   a. fue
   b. ha sido
   c. era

3. Antes _____ mucho y no _____ tiempo para mí.
   a. trabajé / tenía
   b. trabajaba / tenía
   c. trabajaba / tuve

4. Hace tres años _____ un viaje a la India que _____ la vida.
   a. hice / cambiaba
   b. hacía / cambió
   c. hice / cambió

5. Antes no _____ pero el mes pasado _____ a correr.
   a. hacía deporte / empezaba
   b. hice deporte / empezaba
   c. hacía deporte / empecé

6. _____ no tenía experiencia, no le dieron el trabajo.
   a. Como
   b. Porque
   c. Pero

7. Todavía no _____ cuándo empieza en su nuevo trabajo.
   a. ha sabido
   b. sabe
   c. supo

8. Cuando cerró la empresa _____ verano.
   a. ha sido
   b. fue
   c. era

9. El otro día _____ algo horrible. Entraron en mi casa a robar.
   a. pasaba
   b. me pasó
   c. me pasaba

10. • Finalmente encontraron mi maleta.
    ▲ _____
    a. ¡Uf, menos mal!
    b. ¿Sí? ¿Qué pasó?
    c. ¡Qué horror!

11. Ayer, en la oficina, _____ una mujer que _____ muy amable.
    a. me atendió / era
    b. me atendía / era
    c. me atendía / fue

12. • Perdimos el avión y no llegamos a la boda.
    ▲ _____
    a. ¡Qué bien!
    b. ¡Qué horror!
    c. ¡Qué suerte!

13. Primero perdí la maleta y _____ la cartera.
    a. entonces
    b. luego
    c. finalmente

14. Ana no _____ éxito con su proyecto.
    a. fue
    b. tuvo
    c. hizo

15. Ayer _____ con una amiga de la infancia para vernos.
    a. me quedé
    b. quedé
    c. quedaba

16. Las _____ por internet han aumentado mucho.
    a. ventanas
    b. ventas
    c. cadenas

17. Yo _____ el ejemplo de mi madre y soy abogada.
    a. he atendido
    b. he seguido
    c. he tenido

18. No podía entrar porque no _____ llaves.
    a. tuve
    b. he tenido
    c. tenía

19. Puedo pagar poco, por eso busco un piso _____.
    a. solo
    b. compartido
    c. alquiler

20. El Camino del Inca _____ como vía de comunicación y de transporte.
    a. era
    b. iba
    c. servía

HOY COCINO YO

1. Pasión por la cocina

Iván y su hija Clara son amantes de la cocina. Lee las cosas que hace Iván y escribe consejos para Clara como en el ejemplo.

1. Iván escribe siempre sus recetas.
   → _¡Clara, escribe las recetas!_
2. Aprende de los cocineros de la tele. → _____
3. Prueba nuevos platos exóticos. → _____
4. Iván elige ingredientes regionales. → _____
5. Piensa qué quiere preparar antes de comprar. → _____
6. Va al mercado a comprar productos frescos. → _____
7. Tiene mucha paciencia para cocinar. → _____

2. ¿Cuál es la forma correcta?

Elige la forma correcta del imperativo según el contexto.

1. Si quiere productos frescos, compre / compra / compren en tiendas del barrio.
2. En una cena especial por su aniversario, elige / elija / elijan el restaurante favorito de su pareja.
3. En la fiesta de cumpleaños de tu hijo, decore / decoren / decora el salón con globos.
4. Si usted y su pareja cocinan juntos, escuche / escucha / escuchen música ambiental.
5. Para sorprender a tu novia ponga / pon / pongan velas en la mesa.
6. Si quieren algo especial para el día de la madre, haga / hay / hagan una tarta de chocolate.

3. Para dar consejos

Completa con las formas de imperativo que faltan.

	comprar	comer	escribir	poner	tener	hacer
tú	compra	____	____	____	____	haz
vosotros/-as	____	____	escribid	____	____	____
usted	____	____	____	____	tenga	____
ustedes	____	coman	____	pongan	____	____

> **ESTRATEGIA:**
> ¡Recuerda! Los verbos en infinitivo terminados en **-ar** construyen el imperativo para usted/ustedes con **-e**, los verbos en infinitivo terminados en **-er/-ir** construyen el imperativo con **-a**:
> compr**ar** → (usted) compr**e** / (ustedes) compr**en**
> pon**er** → (usted) pong**a** / (ustedes) pong**an**

4. Ayuda para Mario

Mario, un chef italiano, presenta un programa en la televisión española y tiene problemas con el idioma. Ayúdalo y transforma sus consejos como en el ejemplo, pero primero piensa en el infinitivo. Escribe dos consejos más.

Tú	**Infinitivo**	**Vosotros**
1. Haz una lista de ingredientes.	1. hacer	1. Haced una lista de ingredientes.
2. Prueba la sal en los platos.	2. _____	2. _____
3. Compra en una tienda de productos regionales.	3. _____	3. _____
4. Elige productos de primera calidad.	4. _____	4. _____
5. Ten listos los ingredientes antes de empezar.	5. _____	5. _____
6. Decora la mesa creativamente.	6. _____	6. _____
7. _____	7. _____	7. _____
8. _____	8. _____	8. _____

5. La cocina de mamá

a. Laura explica una receta a su hija Ceci, que está estudiando en el extranjero y quiere cocinar los platos de su madre. Escucha la videollamada y ordena las instrucciones de Laura. ▶ 37

___ Coloca la masa de hojaldre en un recipiente.
___ Pon las verduras en el recipiente y la mezcla de queso y huevo encima.
_1_ Lava y pela las verduras.
___ Corta las verduras con un cuchillo.
___ Deja todo en el horno a 180 grados durante 35 minutos.
___ Dora la cebolla en una cacerola y añade las verduras.
___ Bate cuatro huevos, la crema y el queso con una batidora.

b. Ahora escribe la receta usando *se* + verbo en el cuaderno de recetas de Ceci.

HOJALDRE DE VERDURA

Se lavan y se pelan las verduras...

6. ¿De qué hablas?

¿A qué se refieren los siguientes verbos y los pronombres? Relaciona.

1. escríbela   2. elígelo   a. los productos regionales   b. la receta

3. cómpralos   4. lávalas   c. las patatas   d. el menú

7. Rosa y Javi organizan una fiesta

a. Escucha el diálogo y anota quién hace qué. ▶ 38

	Rosa	Javi
1. decorar el salón	○	○
2. hacer la lista de la compra	○	○
3. elegir la música	○	○
4. cocinar	○	○
5. comprar los ingredientes	○	○
6. poner las mesas en el salón	○	○

b. Ayuda a Rosa a escribir una nota para Javi con las cosas que él tiene que preparar para la fiesta.

1. El salón: _Decóralo._
2. La lista de la compra: _____
3. La música: _____
4. Los ingredientes: _____
5. Las mesas en el salón: _____

 ESTRATEGIA:
Acuérdate de que algunas formas de imperativo llevan tilde cuando se les añade un pronombre para mantener una pronunciación correcta.

Hola Javi:
Te he escrito las cosas que tienes que hacer.
Muchas gracias, ¡eres un sol!

8. Órdenes para todos

Formula órdenes como en el ejemplo.

1. probar / usted / el arroz → _¡Pruébelo!_
2. escribir / tú / la receta → _____
3. elegir / vosotros / el postre → _____
4. hacer / ustedes / las tartas → _____
5. cortar / tú / el pan → _____
6. servir / usted / los vinos → _____
7. añadir sal / vosotros / a la ensalada → _____
8. pelar / tú / las patatas → _____
9. abrir / vosotros / la botella → _____
10. preparar / ustedes / el gazpacho → _____

9. Pasa, pasa

a. Elige la respuesta adecuada en cada situación.

1. • ¡Hola!, ¿se puede?   a. ▲ Sí, pasa, pasa.   b. ▲ Sí, toma.
2. • ¿Puedo probar los calamares?   a. ▲ Sí, claro, pruébala.   b. ▲ Sí, claro, pruébalos.
3. • ¿Me pasas el pan?   a. ▲ Sí, claro, toma.   b. ▲ No, gracias, no tengo más hambre.
4. • ¡Prueba la sangría!   a. ▲ Sí, claro, toma.   b. ▲ No, gracias. Ahora no.
5. • ¿Qué quieres tomar?   a. ▲ Un vino, por favor.   b. ▲ Sí, claro, toma.
6. • ¿Quieres un vaso de agua?   a. ▲ No, gracias, no tengo sed.   a. ▲ Sí, toma, toma.

b. Escribe posibles preguntas a estas reacciones.

1. • _____
   ▲ Sí, claro, ábrelo.
2. • _____
   ▲ ¡Que no, de verdad! Es que no puedo más.
3. • _____
   ▲ Sí, claro, toma.
4. • _____
   ▲ Una cerveza, por favor.
5. • _____
   ▲ Sí, claro, pruébala.
6. • _____
   ▲ Gracias. Es que no tengo sed.

10. ¿Te gusta?

¿Qué tal está la comida? Escribe las valoraciones de estas personas sobre los platos.

1. • ¡Mmm, qué postre! ¡Me encanta! _Está muy rico._

2. • Uf, creo que el cocinero ha echado demasiada sal en las sardinas. ¡Qué pena! No las puedo comer. _____

3. • ¡Ay, ay, me quemo! ¿A quién se le ocurre traer la sopa así? _____
   ▲ ¡Uf! Perdona. Estaba distraído y la he dejado mucho tiempo en el fuego.

4. • Normalmente la crema de espárragos es la mejor, pero hoy le falta algo, ¿no crees? _____
   ▲ Sí, es verdad. No sabe a nada.

5. • Pero, bueno. Le he dicho al camarero que quiero la carne sin salsa de chile. _____
   ▲ Pues, creo que no te ha escuchado.

6. • Ay, María. Creo que le has puesto doble cantidad de azúcar a la tarta. _____

7. • No, definitivamente no. Es imposible comer el asado así. _____

Mis palabras

11. En la nube... de palabras

Busca en el cuadro palabras para combinar con los siguientes verbos. Hay varias posibilidades.

cebolla tomates arroz
masa
flores huevos
velas verduras
azúcar comida
sopa sal crema
pescado papas vino
recetas
fruta música ingredientes

1. lavar: _las verduras,_
2. poner: _____
3. pelar: _____
4. probar: _____
5. batir: _____
6. echar: _____
7. cocinar: _____

12. Productos para cocinar

Relaciona las siguientes palabras. Puede haber más de una combinación.

1. el diente
2. el aceite
3. el vino
4. el pimiento
5. el producto
6. la rebanada
7. la aceituna
8. el huevo
9. la cucharada

a. blanco
b. cocido
c. de ajo
d. de oliva
e. negra
f. picante
g. de pan
h. de aceite
i. fresco

13. ¿Con qué lo hago?

¿Con qué aparatos haces las siguientes acciones? Puede haber más de una opción.

1. cortar una cebolla con _____
2. cocer las patatas con _____
3. batir la mezcla con _____
4. poner la sangría en _____
5. servir la comida en _____
6. poner los ingredientes en _____
7. freír los huevos en _____
8. abrir una botella con _____

el cuchillo

el abridor

la sartén la cacerola el plato el recipiente la batidora el frigorífico

Sonidos del español

14. ¿Por qué cambian?

ca za gui gi zu jo ju go gue
ge zo ce ja co que cu ci ga gu

a. Escucha las formas de imperativo de los siguientes verbos y escribe la letra que falta. Después escribe el Infinitivo correspondiente. ▶ 39

buscar   escoger   cocer   conseguir   utilizar   ~~elegir~~   colocar

a. Infinitivo	b. Imperativo	a. Infinitivo	b. Imperativo
1. _elegir_ →	usted eli_j_a	5. _____ →	usted consi____a
2. _____ →	ustedes bus____en	6. _____ →	ustedes colo____en
3. _____ →	usted cue____a	7. _____ →	usted esco____a
4. _____ →	ustedes utili____en		

b. Lee las siguientes reglas y complétalas.

1. La letra **g** tiene un sonido suave cuando va con las vocales **a, o, u**, por ejemplo: _____. Cuando ese mismo sonido va acompañado de las vocales **e** o **i**, se escribe con **gu**, por ejemplo: _____.
2. La letra **j** puede acompañar a todas las vocales, pero con las vocales **e** o **i** ese mismo sonido puede escribirse con **j** o con **g**, por ejemplo: _____ o _____.
3. El sonido /k/ se escribe con **c** cuando va acompañado de **a, o, u**, por ejemplo: _____. El mismo sonido se escribe con **qu** cuando va acompañado de **e** o **i**, por ejemplo: _____.
4. El sonido /θ/ se escribe con **z** cuando va acompañado de las vocales **a, o, u**, por ejemplo: _____. El mismo sonido se escribe con **c** cuando va acompañado de **e** o **i**, por ejemplo: _____.

Mis avances en la lengua

Sé...

- Dar consejos e indicaciones.
  Haz una lista de ingredientes...
- Explicar cómo se prepara una comida.
  Primero se cuece la verdura...
- Pedir permiso para algo y permitir algo a alguien.
  ¿Puedo abrir la ventana?
- Pedir algo y ofrecer algo.
  ¿Qué quieres tomar?
- Valorar una comida.
  El té está un poco frío...

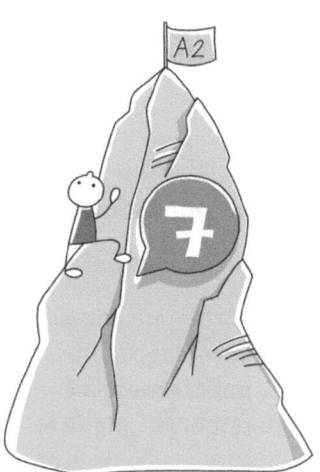

Mi carpeta de textos

Vas a participar en un *blog* de cocina, prepara tu receta favorita (tarta, postre, ensalada, sopa...). Anota tu receta en español y utiliza frases con *se*.

Test

Elige la opción correcta.

1. A mí _____ cocinar arroces y pasta.
   a. me gustan
   b. me gusta
   c. gusta

2. Para seguir nuestros consejos tienes que _____ mucha atención.
   a. tomar
   b. prestar
   c. tener

3. Si quieres sorprender a tus invitados, _____ una paella.
   a. prepare
   b. prepara
   c. preparad

4. Si Joan y tú vais al mercado, _____ fruta y verdura.
   a. compráis
   b. compra
   c. comprad

5. Si quiere hacer feliz a su mujer, _____ velas en la mesa.
   a. ponga
   b. poned
   c. pon

6. Para la fiesta de vuestro hijo pequeño, _____ una tarta.
   a. haga
   b. haced
   c. haz

7. Para llegar rápido al centro, _____ usted en metro.
   a. ve
   b. vaya
   c. id

8. Las naranjas, _____ y _____ en el vino.
   a. pélalas / échalo
   b. pélalas / échalas
   c. pélalo / échalas

9. ● ¿Dónde pongo el queso?
   ▲ _____ en la cacerola.
   a. Pon
   b. Ponlo
   c. Pones

10. ● ¿Qué hago con los huevos?
    ▲ _____
    a. Cuécelos.
    b. Los corto.
    c. Bates.

11. Primero se cortan las cebollas en trozos muy pequeños con _____.
    a. una batidora
    b. un cuchillo
    c. una cuchara

12. Después _____ las papas en una cacerola con agua muy caliente.
    a. se pelan
    b. se cuecen
    c. se toman

13. ● ¿Puedo abrir la puerta?
    ▲ _____
    a. No, no puedo.
    b. Sí, claro, ábrela.
    c. De verdad.

14. ● ¿Me pasas la sal?
    ▲ _____
    a. Que no.
    b. Sí, claro, es que no puedo más.
    c. Sí, toma.

15. Esta sopa está muy _____, tiene poca sal.
    a. sosa
    b. salada
    c. picante

16. ● ¿Qué es el gazpacho?
    ▲ Es una sopa _____ de verduras.
    a. caliente
    b. fría
    c. dulce

17. El pastel de tu madre me encanta. ¡Está _____!
    a. muy soso
    b. muy rico
    c. muy salado

18. Alberto, ¿puedes añadir _____ de aceite a la salsa?
    a. una rebanada
    b. una cucharada
    c. una rodaja

19. Los pimientos tienen que estar _____.
    a. batidos
    b. asados
    c. echados

20. El ají es un tipo de _____.
    a. ajo
    b. pimiento
    c. aceituna

¡ME SIENTO BIEN!

1. Una vida saludable

a. Estas son algunas de las cosas que hace Elsa ante problemas de salud muy comunes en la sociedad actual. Relaciona.

1. ponerse protector solar
2. ir al fisioterapeuta
3. comer de manera sana
4. hacer ejercicio físico
5. ir a sesiones de reflexoterapia

a. sobrepeso
b. estrés
c. problemas de espalda
d. vida sedentaria
e. piel sensible

b. Ahora escribe frases con los elementos de **1a** como en el ejemplo.

Elsa se pone protector solar porque tiene la piel sensible.
_____
_____
_____

2. Nuestro cuerpo en acción

a. Completa con los nombres de las partes del cuerpo como en el ejemplo.

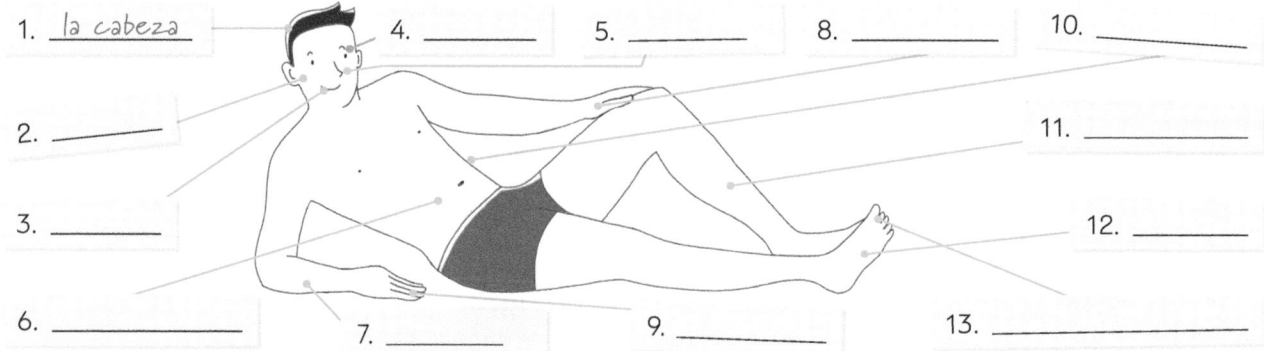

1. la cabeza
2. _____
3. _____
4. _____
5. _____
6. _____
7. _____
8. _____
9. _____
10. _____
11. _____
12. _____
13. _____

b. ¿A qué partes del cuerpo de **2a** se refieren en estas frases? Completa.

1. Voy a nadar para ejercitar los _____ y las _____.
2. Para protegerme del sol me pongo crema en la _____.
3. Escribo con el ordenador usando ocho de mis diez _____.
4. Leo el periódico con los _____.
5. Para comer tapas, necesito la _____.
6. Pensar es un buen ejercicio para la _____.
7. Ir en bicicleta fortalece no solo las piernas, sino también la _____.
8. Caminar en la montaña es duro para los _____.

3. ¿Qué les pasa?

a. Escucha los diálogos. Relaciónalos con los dibujos y escribe el nombre de las personas. ▶ 40–44

JUAN
JOEL
ELENA
ÁLEX
NEUS

b. Escucha otra vez. ¿Qué problemas tienen las personas de **3a**? Escribe qué les pasa.

doler los pies   doler la cabeza   estar mareado/-a   tener dolor de estómago
doler las muelas   tener tos   tener dolor de espalda   no poder dormir

Diálogo 1: *Joel tiene dolor de estómago.*
Diálogo 2: _____
Diálogo 3: _____
Diálogo 4: _____
Diálogo 5: _____

4. Remedios para todos

Marca la forma de imperativo adecuada en cada frase.

1. Si le duele el estómago, toma / tome / tomen / tomad unas gotas de jengibre.
2. Si os duelen las muelas, ve / vaya / vayan / id al dentista.
3. Si tienes fiebre, bebe / beba / beban / bebed mucha agua.
4. Si les duele la espalda, ve / vaya / vayan / id a nadar a menudo.
5. Si estáis enfermos, descansa / descanse / descansen / descansad en la cama.
6. Si te sientes resfriado, tome / tomen / toma / tomad vitamina C.

5. ¡Doña Paula te ayuda!

a. Doña Paula conoce muchos remedios para problemas de salud. Lee los textos y después escucha a doña Paula. ¿Qué consejos les das a estas personas? Relaciona. ▶ 45–48

ABEL: "Yo ya no puedo más. Desde hace semanas tengo tos continuamente, día y noche. ¡Es muy molesto y me duele mucho la garganta! He probado varios jarabes, pero no me ayudan. ¿Qué puedo hacer?" **Consejo:** ____

TEO: "Desde hace muchos años tengo dolores de cabeza. Ya he ido a varios médicos y he tomado distintos analgésicos, pero hasta ahora ninguno me ha servido. Pero lo malo, es que en los últimos meses me duele la cabeza con más frecuencia. No sé, quizá es por el estrés en el trabajo. ¿Qué piensa usted?" **Consejo:** ____

RUTH: "Mi problema es que no duermo bien por las noches. Después del trabajo llego a casa cansadísima, pero, cuando me acuesto, es imposible..., no puedo dormir. Estoy despierta hasta las dos o las tres de la madrugada. ¡Es horrible!" **Consejo:** ____

SARA: "Paso muchas horas en el trabajo sentada delante del ordenador, y a menudo tengo dolor de espalda. En las últimas semanas el dolor es mucho más fuerte, por eso he empezado a caminar y a ir en bicicleta. Pero, la verdad, no siento ningún cambio. ¿Qué consejo me da?" **Consejo:** ____

b. Escucha otra vez y escribe los consejos de doña Paula.

1. _____ 3. _____
2. _____ 4. _____

c. Y tú, ¿qué consejos les das a las personas de **5a**? Escríbelos en la forma de *tú*.

Abel: *Si tienes tos,...*   Teo: _____
Ruth: _____ Sara: _____

6. ¡A completar!

Completa las formas del imperativo que faltan.

	tú	vosotros/-as	usted	ustedes
decir			diga	
ser		sed		
salir	sal			
venir				vengan
poner			ponga	
hacer	haz			
tener		tened		
ir				vayan

7. ¡Ahora con verbos reflexivos!

Completa las formas del imperativo que faltan en los siguientes verbos reflexivos. Recuerda que algunos son irregulares.

	tú	vosotros/-as	usted	ustedes
peinarse	péinate			
despertarse		despertaos		
acostarse			acuéstese	
levantarse				levántense
sentarse	siéntate			
secarse		secaos		
vestirse			vístase	
ponerse				pónganse

8. ¡Siéntate bien!

Escribe eslóganes para diversos folletos publicitarios de turismo de salud. ¡No olvides las tildes!

1. olvidarse de las tensiones del trabajo (tú) → ¡Olvídate de las tensiones del trabajo!
2. bañarse en nuestras piscinas termales (usted) → _____
3. informarse de nuestra amplia oferta de servicios (ustedes) → _____
4. relajarse en aguas cálidas (vosotros) → _____
5. sentirse en el pasado (tú) → _____
6. inscribirse a nuestro boletín (usted) → _____

9. ¿Cómo están?

¿Qué les pasa a estas personas? Escríbelo.

 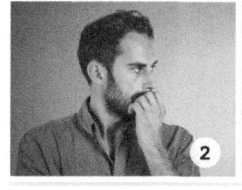   

Está... _____ _____ _____ _____

10. ¡Hablamos de Marco!

Describe a Marco con ayuda de las siguientes palabras y los verbos *ser* y *estar*.

cansado   guapo
preocupado   simpático
colombiano   moreno
arquitecto   alto
nervioso   de mal humor

_____

11. *Ser o no ser*

Completa con *ser* o *estar*.

1. ● Me siento muy mal. Me duele la cabeza.
   ▲ ¡Quizá _____ enfermo!
2. ● ¿Y cómo es que hablas español tan bien?
   ▲ Es que mis padres _____ de Bolivia.
3. ● ¿A qué se dedica tu novio?
   ▲ _____ ingeniero.
4. ● ¡Qué contenta _____! ¡Mañana salgo de vacaciones a la playa!
5. ● Anoche conocimos finalmente a la novia de mi hermano. ¡_____ muy simpática!
6. ● ¡Uf, hoy el jefe _____ de muy mal humor!
   ▲ Ya me he dado cuenta. ¡Dicen que tiene problemas con su mujer!

Mis palabras

12. ¿Qué le pasa a Raúl?

Raúl está muy mal. Completa las cajas con las siguientes palabras. Hay varias posibilidades.

la cabeza   tos   mal   mareado   una aspirina   el estómago   las muelas
estresado   problemas de espalda   sobrepeso   la boca   una infusión de manzanilla
la piel sensible   cansado   enfermo   resfriado   el dedo   los ojos   fiebre
bien   estrés   los brazos   alergia   mucha agua

TIENE	LE DUELE	LE DUELEN

ESTÁ	(NO) SE SIENTE	TOMA

13. ¿Con qué haces estas acciones?

Relaciona las partes del cuerpo con las acciones que puedes hacer con ellas.

1. la cabeza
2. la mano
3. las piernas
4. los ojos
5. la nariz
6. la boca

a. mirar
b. pensar
c. leer
d. escribir
e. correr
f. respirar
g. comer
h. saludar
i. caminar
j. tocar
k. hablar

14. Consejos y remedios

¿Con cuáles de las siguientes palabras pueden ir los verbos?

un masaje   un vaso de leche caliente   un jarabe   ligero   de las tensiones
ejercicio físico   los brazos   un analgésico   con moderación   de manera sana
las piernas   una revisión médica   una infusión

1. cenar   2. dar   3. fortalecer   4. hacer   5. olvidarse   6. tomar

Sonidos del español

15. ¿Con o sin acento gráfico?

a. Escucha las siguientes frases y escribe las tildes necesarias sobre los verbos en negrita. Después elige la respuesta adecuada en *Mi gramática*. ▶ 49

1. Carlos me **llama** por videollamada todos los domingos. Si quieres, **llámame** tú también.

2. Mi marido siempre **hace** la cena, pero hoy estoy **haciéndola** yo. Él está de viaje.

3. ● ¿Te has **bañado** alguna vez en aguas termales?
   ▲ Claro que sí. Son muy relajantes. Te lo aconsejo, ¡**báñate**!

4. ● Enrique, ¿dónde estás? ¿Has **cortado** ya las verduras para la comida?
   ▲ ¡En la cocina!… ¡Estoy **cortándolas**!

5. ● ¿Te **pruebas** los pantalones o buscamos otro modelo?
   ▲ Sí, voy a **probármelos** ahora.

> **MI GRAMÁTICA:**
> Al añadir un pronombre a la forma verbal, la posición del acento cambia. Si el acento recae sobre la antepenúltima sílaba o en una anterior, se le añade / no se le añade tilde.

b. Escucha los diálogos y escribe las reacciones de las personas. ¡No te olvides de las tildes! ▶ 50

1. ● David, ¿tienes el periódico? ▲ Sí, estoy _____.
2. ● Doctora, estoy muy estresado y nervioso. ▲ ¡Pues, _____!
3. ● Estas gafas de sol son bonitas, ¿no? ▲ Sí, ¿vas a _____?
4. ● ¿Compramos un cava para esta noche? ▲ Sí, pero _____ tú.

Mis avances en la lengua

Sé…

🍃 Hablar del cuerpo y de la salud.
   Tengo una piel muy sensible…

🍃 Describir dolores / molestias.
   Joaquín tiene tos y…

🍃 Dar consejos.
   Si tienes ojos secos, bebe mucha agua…

🍃 Hablar del propio estado de salud, de ánimo, etc.
   Estoy contenta…

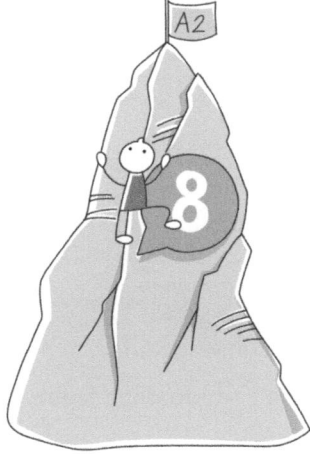

Mi carpeta de textos

Quieres pasar un par de días en un balneario y llamas por teléfono al lugar para informarte y hacer una reserva. Escribe el diálogo entre la recepcionista y tú.
Puedes tratar los siguientes aspectos:

nombre del balneario   su nombre   profesión
motivo de entrada   fechas   tratamiento deseado

Test

Elige la opción correcta.

1. Todos los médicos recomiendan hacerse _____ regularmente.
   a. estrés
   b. ejercicio
   c. revisiones

2. Mi amigo Xavi tiene muchos problemas de _____ por el polen, especialmente en primavera.
   a. alergia
   b. sobrepeso
   c. estrés

3. Los ojos están en _____.
   a. la pierna
   b. la cara
   c. la garganta

4. Me duele _____ porque paso muchas horas sentado. Tengo que ir al fisioterapeuta.
   a. la nariz
   b. la espalda
   c. el estómago

5. Creo que el niño _____ fiebre.
   a. está
   b. tiene
   c. hace

6. Tengo que ir al médico, creo que _____ enfermo.
   a. estoy
   b. soy
   c. tengo

7. _____ mucho los pies de caminar tanto.
   a. Me duelen
   b. Me duele
   c. Tengo dolor

8. He comido demasiado, _____ el estómago.
   a. me duele
   b. me siento
   c. tengo dolor

9. Tengo dolor de _____. Esta tarde voy al dentista.
   a. piernas
   b. brazos
   c. muelas

10. _____ resfriado y no _____ bien.
    a. Soy / soy
    b. Estoy / me siento
    c. Tengo / siento

11. • ¿Qué _____?
    ▲ No sé... Estoy mareado.
    a. te pasa
    b. te sientes
    c. estás

12. Si estás de mal humor, _____ más con tus amigos.
    a. salga
    b. sal
    c. sale

13. ¿Está usted cansado? _____ a sentarse un rato aquí en el sofá.
    a. Venga
    b. Ven
    c. Vengan

14. Niños, _____ pacientes, vamos a llegar a casa dentro de cinco minutos.
    a. sé
    b. sed
    c. sea

15. Si quieres dormir, _____ la luz.
    a. apague
    b. apaga
    c. apagues

16. Si estás enfermo, _____ al médico.
    a. id
    b. ve
    c. vaya

17. ¿Están estresados? _____ en nuestro balneario.
    a. Relájese
    b. Relájate
    c. Relájense

18. Mi novio _____ tranquilo, nunca _____ nervioso.
    a. es / es
    b. está / es
    c. es / está

19. Ayer _____ los nervios por el tráfico en el centro de la ciudad.
    a. pasé
    b. perdí
    c. tuve

20. ¡Qué dolor de cabeza! _____ fatal.
    a. Estoy
    b. Soy
    c. Tengo

9
TE INVITO

1. ¡Muchas felicidades!

¿Qué dices en estas situaciones? ¿A qué situación corresponden? Completa. Hay varias posibilidades.

1. Los vecinos tienen su primer bebé.
2. Alguien cumple 75 años.
3. El hijo de sus amigos termina Medicina en la universidad.
4. _____
5. _____
6. _____

a. _____
b. _____
c. _____
d. ¡Feliz Navidad!
e. ¡Feliz Año Nuevo!
f. ¡Buen viaje!

2. ¿A quién invito?

a. Ana María tiene mucho trabajo en su galería de arte y ha mezclado los textos de las invitaciones a una exposición y a su propia fiesta de cumpleaños. Completa las invitaciones.

¿Vienes?   Confírmame, por favor   Nos complace invitarlo   Te invito
Esperamos contar con su presencia   Besos   Por favor, confirmen su asistencia

A

ANILLOS CONCÉNTRICOS

_____ (1) a la inauguración de nuestra exposición de arte contemporáneo. Con la presencia del Ministro de Cultura, Sr. Lic. Eduardo Mier y Terán. Exposición abierta al público hasta el 25 de mayo. _____ (2).

Galería Terreno Baldío Arte **Viernes 8 de abril**
Orizaba 177, Col. Roma, Ciudad de México   19 horas
www.terrenobaldio.com

_____ (3) antes de 1 de abril.
Tel.: +52 55 6395 1101.

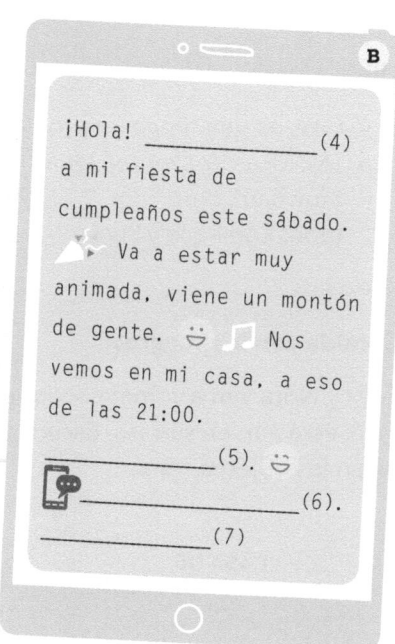

¡Hola! _____ (4) a mi fiesta de cumpleaños este sábado. Va a estar muy animada, viene un montón de gente. Nos vemos en mi casa, a eso de las 21:00.
_____ (5).
_____ (6).
_____ (7)

b. Escribe una respuesta aceptando o rechazando la invitación **B**.

3. Hablar por teléfono

a. ¿Qué dices para...? Hay varias posibilidades.

1. responder al teléfono: _____
2. preguntar por alguien: _____
3. preguntar quién llama: _____
4. preguntar si se quiere dejar un mensaje: _____
5. decir que el número no es correcto: _____

sesenta y uno **61**

b. ¿Quién dice estas frases? Relaciona.

a. un contestador automático   **b.** alguien que llama por teléfono   **c.** alguien que toma un recado
d. alguien que deja un recado   **e.** alguien que se ha equivocado

1. Ah, pues perdone. (__)
2. Dígale que la he llamado, por favor. (__)
3. Deje su mensaje después de la señal. (__)
4. De acuerdo, se lo digo, no se preocupe. (__)
5. Hola, soy Ángela Sánchez, de la oficina de ventas. (__)

4. Vamos al cine

Completa los diálogos con los verbos de las cajas. En cada caja sobra un verbo.

A   voy   van   vamos   vengo

● Oye, Elena, ¿qué te parece si _____ (1) al cine esta tarde? Ya está en los cines la nueva película que quieres ver. Y además, creo que Paco y Lucía también _____ (2).
▲ ¡Qué buena idea! ¿Pero a qué hora es? Es que tengo clase en la uni.
● A las seis.
▲ ¡Ah, vale! Entonces _____ (3) directamente desde la uni.

B   vas   voy   vienes

1. ● ¿Hola? ¿Elena? Ya estoy en el cine y la película empieza en treinta minutos. ¿A qué hora _____ (4)?
   ▲ Ricardo, perdona. La clase ha terminado más tarde y he salido ahora. Pero ya _____ (5) hacia el cine.

   lleva   trae   llevo

2. ● Oye, es que tengo un problema. He olvidado la cartera en casa y no tengo dinero.
   ▲ ¡Ay, Ricardo, siempre igual! No te preocupes, yo paso por el banco y _____ (6) dinero.
   ● Muy bien, pero _____ (7) bastante dinero, después del cine vamos a tomar unas tapas con Paco y Lucía.

5. Comida con los suegros

a. Félix y Nora van a comer con los padres de Félix. Nora ya está en casa de sus suegros, pero Félix está aún en su casa. Escucha la conversación telefónica entre ambos y marca dónde están los objetos. ▶ 51

CASA DE LOS PADRES DE FÉLIX
A
_____
_____
_____
_____

la ensaladera de la madre de Félix

un libro que Félix quiere prestarle a su padre

una planta grande del jardín

el asador de carne del padre de Félix

CASA DE NORA Y FÉLIX
B
_____
_____
_____
_____

b. Escucha otra vez. ¿Qué frases dice Nora? ¿Cuáles dice Félix?

Llevo la planta   Yo no **he traído** la planta   **Voy** en coche   **Trae** la ensaladera
He traído el libro   **Llevo** la ensaladera   ¿**Vienes** en coche?   **He venido** a pie   Lo **has llevado**

NORA
_____
_____
_____
_____
_____

FÉLIX
_____
_____
_____
_____
_____

6. En la fiesta

a. ¿Qué quieren expresar estas personas? Une las frases con los verbos.

1. Te he traído un detalle.
2. Te presento a Mayte.
3. ¡Qué guapa estás!
4. ¡Qué casa tan bonita!
5. Bueno, ya me tengo que ir.
6. ¿Quieres más carne?

a. elogiar a alguien
b. presentar a alguien
c. despedirse
d. dar un regalo
e. elogiar algo
f. ofrecer más comida

b. ¿A qué frases de **6a** corresponden estas reacciones? Escribe el número correspondiente.

___ ¿Ya te vas? Si todavía es muy temprano...
___ Tú también estás muy elegante.
___ ¿Y has visto el jardín?
___ Mucho gusto.
___ Está buenísima, pero es que no puedo más.
___ Muchas gracias, pero no hacía falta.

7. Citas rápidas

En la agencia de citas rápidas *CorazonesUnidos* tienen una lista de preguntas para conocer a una persona en solo unos minutos. Completa con *qué*, *cuál* o *cuáles* y después responde a las preguntas.

1. ¿ _Qué_ tipo de música escuchas? _____
2. ¿_____ es tu personaje histórico favorito? _____
3. ¿_____ es tu serie de televisión favorita? _____
4. ¿_____ color te gusta más? _____
5. ¿_____ *pizza* prefieres? _____
6. ¿_____ son tus cualidades? _____
7. ¿_____ es tu palabra favorita? _____
8. ¿_____ es lo más loco que has hecho en tu vida? _____
9. ¿_____ te gusta regalar a un amigo? _____
10. ¿_____ son tus aficiones? _____
11. ¿_____ prefieres: la comida china o la japonesa? _____
12. ¿_____ te gusta hacer los fines de semana? _____

CorazonesUnidos

8. **¿Qué, cuál o cuáles?**

   Completa los diálogos con *qué, cuál o cuáles*.

   1. • ¿_____ llevo a la fiesta?
      ▲ Pues trae algo de comer.
   2. • ¿_____ es tu coche?
      ▲ El azul.
   3. • ¿_____ son tus gafas?
      ▲ Estas son mías, pero las otras no sé de quién son.
   4. • ¿_____ prefieres llevar a la fiesta: unos pantalones o un vestido?
      ▲ Como hace calor, prefiero llevar un vestido.
   5. • ¿Le regalamos un libro?
      ▲ Vale, pero ¿_____? No conozco sus gustos...
   6. • ¿_____ ordenador tienes?
      ▲ Es un ordenador un poco viejo, pero funciona bien.

9. **Objetos sin dueño en la clase de español**

   La profesora pregunta a Walter y a Rosa de quién son los objetos. Escribe las respuestas.

   1. los cuadernos nuevos → de Samuel
   2. el bolígrafo azul → de la profesora (*tú*)
   3. la goma → de Walter
   4. el móvil negro → de Rosa
   5. el sacapuntas → de los Mayer

   Walter responde:
   1. Son suyos.
   2. _____
   3. _____

   Rosa responde:
   4. _____
   5. _____

10. **¿De quién es?**

   a. Maya y Aurelia visitan a su abuela. Escucha y ayúdala a separar la ropa de las niñas. ▶ 52

   vestido de flores   zapatillas
   medias largas   sandalias
   blusa naranja   blusa amarilla
   vaqueros sin agujeros
   vestido rosa   medias cortas
   vaqueros con agujeros

   b. Ahora responde a las preguntas usando *artículo + suyo/-a/-os/-as*.

   1. ¿Las medias largas son de Maya?
   2. ¿La blusa naranja es de Maya?
   3. ¿Los vaqueros con agujeros son de Maya?
   4. ¿El vestido de flores es de Maya?

Mis palabras

11. ¿Con qué verbo?

Relaciona las siguientes palabras y estructuras con el verbo correspondiente.

que el número no es correcto   a tu cumple   al teléfono   a una fiesta   comida   al anfitrión
si se quiere dejar un mensaje   a las preguntas   bebida   ~~por alguien~~   quién llama   el piso

1. preguntar — *por alguien* / _____
2. decir — _____ / _____
3. responder — _____ / _____
4. ofrecer — _____ / _____
5. invitar — _____ / _____
6. elogiar — _____ / _____

12. Celebraciones

¿A qué palabras corresponden las siguientes definiciones?

boda   anfitrión   cumpleaños   inauguración   despedida   Nochevieja

1. _____: La persona que organiza y da una fiesta.
2. _____: La celebración de la última noche del año.
3. _____: El día que una persona cumple años.
4. _____: La celebración del primer día que se abren las puertas de un negocio, de una casa, de una exposición...
5. _____: El día que una persona deja un trabajo. Normalmente la organizan los compañeros.
6. _____: El día que dos personas se casan, se celebra con los familiares y los amigos.

13. Palabras que combinan

En las siguientes combinaciones de palabras hay una que no es correcta. Señálalo en cada caso.

1. dejar
   - a. un recado
   - b. un mensaje
   - c. la lotería

2. confirmar
   - a. un regalo
   - b. la asistencia
   - c. la invitación

3. celebrar
   - a. un cumpleaños
   - b. una inauguración
   - c. una tarjeta

4. llamar
   - a. por teléfono
   - b. un recado
   - c. a alguien

5. contar
   - a. con la presencia de alguien
   - b. el número de invitados
   - c. un contestador

6. organizar
   - a. un anfitrión
   - b. una fiesta
   - c. una boda

7. abrir
   - a. un regalo
   - b. una despedida
   - c. una tienda

8. equivocarse
   - a. de número
   - b. de día
   - c. de presencia

Sonidos del español

14. ¡El acento es importante!

Escucha y lee estas frases. Después completa la regla con las palabras que hay encima del recuadro y con los ejemplos. ▶ 53

1. ¡Pero **qué** día tan bonito!
2. ¿**Qué** has preparado para cenar?
3. El rioja es un vino **que** se produce en España.
4. Me preguntó **qué** restaurante prefiero.
5. ¿**Cuándo** vuelves a Madrid?
6. **Cuando** hay muchos carriles, ir en bicicleta es práctico.
7. Ramón sabe **dónde** están las llaves.
8. La fábrica **donde** se produce el queso está muy cerca de aquí.
9. ¿**Dónde** está la pizzería?
10. ¿**Cómo** te ha ido en la universidad?
11. Hemos visitado ciudades maravillosas **como** Antigua.

conectores   exclamaciones   interrogaciones

> **MI GRAMÁTICA:**
>
> Las _____ y las _____ se escriben con tilde independientemente del tipo de frases en las que vayan, por ejemplo, en las frases número: _____. Los _____ no llevan tilde, por ejemplo en las frases número: _____.

Mis avances en la lengua

Sé...

- Felicitar y desear algo positivo a alguien.
  ¡Muchas felicidades!
- Escribir una invitación.
  Nos complace invitaros...
- Llamar por teléfono.
  ¿De parte de quién?
- Elogiar a alguien.
  ¡Pero qué guapos están!
- Presentar a alguien.
  Les presento a...

Mi carpeta de textos

Estás en casa y estás pensando en la próxima clase de español. Escribe un texto en el que menciones cómo vas a ir al curso, lo que quieres llevar, cómo quieres regresar a casa, lo que quieres traerte a casa. Los elementos que aparecen a continuación te pueden servir de ayuda pero no tienes que utilizarlos todos.

un libro   yo voy   el cuaderno de mi compañero/-a
un bolígrafo   yo traigo   en tranvía (en tren, en coche...)
yo llevo   a pie   un paraguas que dejé la semana pasada en la clase
la bolsa con mis cosas para el curso   yo vengo
la bolsa con cosas que he comprado en el supermercado antes de la clase

Test

Elige la opción correcta.

1. ● Hoy inauguramos la tienda.
   ▲ _____
   a. ¡Feliz cumpleaños!
   b. ¡Felicidades!
   c. ¡Buen viaje!

2. Hoy es 1 de enero. ¡Feliz _____!
   a. Año Nuevo
   b. Nochevieja
   c. Navidad

3. Este sábado _____ mi cumpleaños.
   a. hago
   b. celebro
   c. ofrezco

4. Tenemos _____ de invitarte a nuestra boda el próximo día 15.
   a. la presencia
   b. la asistencia
   c. el placer

5. ¿Sabes si hay que _____ la asistencia?
   a. llevar
   b. confirmar
   c. dar

6. ● ¿Está Carlos?
   ▲ ¿_____ de quién?
   a. De parte
   b. Quieres
   c. Dígame

7. ● ¿Vas a venir a la fiesta?
   ▲ Sí, pero no sé qué _____.
   a. traer
   b. llevar
   c. ir

8. Jaime, ¿por qué no vienes a la fiesta y _____ también a tus amigos?
   a. llevas
   b. vienes
   c. traes

9. ¿Cómo? ¿_____? ¡No puedes irte en este momento!
   a. Ya te vas
   b. Ahora vas
   c. Que vas

10. ¿Más paella? No, gracias, _____ he comido mucho.
    a. es que
    b. qué
    c. no hace falta

11. ● Mira, este detalle es para ti.
    ▲ ¡Ay! ¡Una caja de bombones! Pero _____.
    a. si no hacía falta
    b. hacía falta
    c. no necesitabas

12. ¿_____ quieres: un café o un té?
    a. Cuál
    b. Qué
    c. Cuáles

13. ¿_____ es tu comida favorita?
    a. Cuál
    b. Qué
    c. Cuáles

14. ¡Me _____ la lotería!
    a. ha tocado
    b. he ganado
    c. ha contado

15. Para _____ una comida puedes decir: ¡Qué buena la comida!
    a. abrir
    b. elogiar
    c. despedir

16. ¡Qué piso tan _____ tienes!
    a. bonito
    b. rico
    c. luz

17. ● Carlos, te presento a Isabel, una compañera de clase.
    ▲ _____.
    a. Encantado
    b. Encantada
    c. Encantadas

18. ● Ana, este libro es _____, ¿no?
    ▲ No, no es _____.
    a. tuyo / suyo
    b. suyo / mío
    c. tuyo / mío

19. ● ¿Estas llaves son de Carmen?
    ▲ Sí, son _____.
    a. sus
    b. suya
    c. suyas

20. ¿_____ marca es tu móvil?
    a. Qué
    b. De qué
    c. Cuál

10

UNA CIUDAD IDEAL

1. Un foro sobre ciudades

Lee el texto y completa con *tener*, *estar* y *ser*.

¡Hola, me llamo Jaime! Vivo en la mejor de las ciudades. ¿Quieres conocerla? Te cuento algunas cosas sobre ella. Mira, mi ciudad es ideal para vivir porque _____ (1) un clima muy agradable, con una temperatura media anual de 16 o 18 grados. _____ (2) a orillas del mar, en el sur de la península. _____ (3) una ciudad divertida y joven, ya que _____ (4) una universidad muy importante. Mi ciudad _____ (5) muy bien planeada y _____ (6) muy poca contaminación del aire. Para mí, _____ (7) la ciudad ideal para gente joven. ¡Te invito a conocerla!

2. ¿Cuántos ha dicho?

a. Marca el número de habitantes que escuchas en los textos. ▶ 54

1. Cuenca (Ecuador)   ○ 381 823   ○ 481 923
2. Valdivia (Chile)   ○ 454 145   ○ 154 445
3. Asunción (Paraguay) ○ 625 294   ○ 525 294
4. Tucupita (Venezuela) ○ 86 487   ○ 96 486
5. Tacuarembó (Uruguay) ○ 54 757   ○ 540 656

b. Ahora escribe los siguientes números y las palabras que escuchas. ▶ 55

1. *doscientos ocho mil estudiantes*
2. _____
3. _____
4. _____

3. ¿Cómo te desplazas?

Relaciona las palabras con las formas de desplazarse por una ciudad. Hay varias posibilidades.

parada | líneas | atasco | boca de metro | zona peatonal | aparcar | carril bici | conducir
nocturno | hacer transbordo | estaciones | aparcamiento | alquiler de bicicletas

1. a pie:
2. en coche:
3. en autobús:
4. en metro:
5. en bici:

4. Valeria en Cáceres

Valeria escribe en su blog sobre sus vacaciones en Cáceres. Subraya el verbo correcto.

•••

¡Hola a todos!
Os escribo desde Cáceres, una ciudad medieval encantadora donde estoy pasando unas vacaciones con unos amigos. Cáceres tiene / hay (1) muchas tiendas, bares y restaurantes que están / hay (2) en el casco antiguo. En Cáceres está / hay (3) una gran oferta gastronómica, por algo estuvo / fue (4) la Capital Española de la Gastronomía en 2015.
Además, en esta ciudad está / hay (5) una buena oferta cultural. Si te gustan los museos, tienes que ver el Museo de Cáceres, que está / hay (6) dentro del Palacio de las Veletas. También está / tiene (7) muchos templos, como el Templo de Santa María. El Santuario de la Virgen de la Montaña, patrona de Cáceres, está / es (8) a solo tres kilómetros de la ciudad.
A Cáceres se puede llegar en autobús o en tren. La estación de tren y la de autobuses están / hay (9) a 2,5 km del centro. Si vienes en coche, está / es (10) muy fácil llegar. ¡Y está / hay (11) un aparcamiento muy práctico cerca de la plaza Mayor! ¡Ah!, casi se me olvida un dato importante: la oficina de turismo está / hay (12) directamente en la plaza Mayor.

5. En Cáceres, en la Torre de Bujaco

a. Desde la Torre de Bujaco, Valeria le muestra Cáceres a su amigo Óscar, que acaba de llegar a la ciudad. Completa con las siguientes palabras. Sobran algunas.

aquí   aquellos   esta (3x)   esa   este   aquel (3x)   allí (2x)   ese (2x)   ahí   aquella

1. • Mira, la plaza Mayor.
   ▲ ¿Cuál? ¿Esa?
   • No, hombre. Esa es la plaza de la Concepción (2). __Esta__ es la plaza Mayor (1).
   ▲ ¡Ah!, ya la veo. Es _____ de _____, ¿verdad?
   • ¡Claro!, _____. Más cerca, imposible.

2. • Y mira..., mira _____ arco. ¿No es bonito? Es el arco de la Estrella (3).
   ▲ Sí, es muy bonito.
   • Pero, estás mirando hacia el otro lado. Aquel es el arco de Santa Ana (4).
   ▲ A ver. Entonces, ¿el Arco de la Estrella es _____ de _____?
   • Exactamente.

3. ▲ Creo que ya estoy mejor orientado. Vamos a hacer una prueba. ¿_____ edificio es nuestro hotel? (5)
   • Está claro que no te sabes orientar. _____ edificio de _____ es el Museo de Cáceres (5). Nuestro hotel está completamente al otro lado. Es _____ edificio de _____ (6).

b. Escucha y comprueba tu respuesta de **5a**. ▶ 56

6. Carolina y Marta visitan Málaga

¿Qué dicen las dos amigas? Completa con *este/ese/aquel* en el número y género correspondientes.

Situación 1: Marta está mirando un plano de Málaga.
- ¡Uy, _____ plano no es actual!

Situación 2: Carolina y Marta están en el centro y quieren comprar unas postales. Ven unas dentro de una papelería.
- Oye Marta, ¿vamos a ver _____ postales?

Situación 3: Marta quiere ir al puerto y sube en un autobús.
- Perdone, ¿_____ autobús va al puerto?

Situación 4: Marta y Carolina están en el centro y tienen hambre. Enfrente de la calle ven un bar.
- Marta, ¿tomamos unas tapas en _____ bar?

Situación 5: Carolina y Marta están en el Castillo de Gibralfaro. A lo lejos ven la catedral.
- Mira, _____ es la Catedral de Málaga.

7. ¿Qué barrio te gusta más?

a. Olga y Mario quieren elegir un barrio de la ciudad para vivir y se informan en internet sobre dos barrios que les interesan. Escucha y marca los temas de los que hablan. ▶ 57

1. Universidades ○
2. Localización ○
3. Estadios ○
4. Oferta cultural ○
5. Temperatura ○
6. Oferta deportiva ○
7. Oferta de ocio ○
8. Habitantes ○
9. Ecología ○
10. Hospitales ○

b. Escucha otra vez y completa con los datos que se mencionan.

	San Gabriel	Foresta
1. ser bonito	sí	
2. cerca del centro		
3. teatros	2	1
4. cines		2
5. galerías de arte	3	
6. restaurantes		10
7. parques		
8. habitantes	17 000	

c. Ahora compara los dos barrios con la información de la tabla de **7b**. Completa las frases con los comparativos del recuadro.

1. San Gabriel es _____ bonito _____ Foresta.
2. San Gabriel está _____ cerca del centro _____ Foresta.
3. San Gabriel tiene _____ teatros _____ Foresta.
4. San Gabriel y Foresta tienen ___ _____ número de cines.
5. San Gabriel y Foresta tienen ___ _____ cantidad de galerías de arte.
6. San Gabriel tiene _____ restaurantes _____ Foresta.
7. San Gabriel tiene _____ parques _____ Foresta.
8. San Gabriel tiene _____ habitantes _____ Foresta.

el/la mismo/-a
tan ... como
más ... que
menos ... que
tantos/-as ... como

8. Interesantísimo

Escribe las formas que faltan como en el ejemplo.

| claro | grande | divertidos | _____ | oscura |
| clarísimo | grandísima | _____ | tranquilísima | _____ |

| aburrido | _____ | moderno | caras | _____ |
| _____ | pequeñísimas | _____ | _____ | hermosísimos |

9. Frases con superlativo

Escribe frases sobre lugares, personas o cosas que conoces. Utiliza los superlativos de los siguientes adjetivos. Fíjate en el ejemplo.

Mi hermano es altísimo.
1. (grande) _____
2. (interesante) _____
3. (rico/-a) _____
4. (barato/-a) _____
5. (difícil) _____
6. (fácil) _____
7. (divertido/-a) _____
8. (aburrido/-a) _____

10. ¿Estás de acuerdo?

Reacciona a estas afirmaciones según tu opinión. Usa las siguientes expresiones.

No sé... Depende...   No estoy de acuerdo.   Sí, es verdad, pero...   Yo creo que...
Para mí...   Sí, estoy de acuerdo contigo.   Tienes razón.

1. ¡No hay como vivir cerca de la playa!   _____

2. Para las familias jóvenes es mejor vivir en las afueras de la ciudad.   _____

3. El campo no es el lugar ideal para personas mayores.   _____

4. Si quieres tener mayor calidad de vida, debes vivir en el centro de una gran ciudad.   _____

5. Se vive más tranquilo en una ciudad con una buena red de transporte público.   _____

Mis palabras

11. El verbo es importante

Relaciona estas palabras y expresiones con el verbo correspondiente.

antigua   un río   rodeada de montes   zonas peatonales   movilidad adecuada
en el oeste del país   turística   cerca del parque   clima templado   activa
poco tráfico   tranquila   a 30 km de aquí   verde   mucha seguridad

SER

TENER

ESTAR

12. ¿Cuál es su adjetivo?

Escribe los adjetivos que corresponden a los siguientes sustantivos como en el ejemplo.

1. la antigüedad _antiguo/-a_
2. la comodidad _____
3. la diversión _____
4. la ecología _____
5. la fama _____
6. la historia _____
7. la limpieza _____
8. la magia _____
9. el turismo _____
10. el ruido _____
11. la tranquilidad _____
12. la universidad _____

13. ¿Cómo las combinas?

Relaciona las palabras para formar expresiones relacionadas con las ciudades y los pueblos.

1. la calidad
2. el casco
3. la infraestructura
4. la oferta
5. la contaminación
6. la temperatura
7. el turismo
8. la zona

a. del aire
b. peatonal
c. de vida
d. cultural
e. media
f. antiguo
g. sanitaria
h. sostenible

14. ¡A traducir!

Traduce las siguientes palabras y expresiones a tu idioma.

1. el atasco _____
2. la estación de metro _____
3. la parada de autobús _____
4. el transbordo _____
5. el tráfico _____
6. el medioambiente _____
7. el transporte público _____
8. la zona peatonal _____

Sonidos del español

15. ¿De qué tiempo hablas?

a. Lee en voz alta las siguientes palabras. Después escucha y marca la que oyes. ▶ 58

1. hable – hablé
2. ejercite – ejercité
3. visite – visité
4. compre – compré
5. viaje – viajé
6. informo – informó
7. intento – intentó
8. ayudo – ayudó
9. trabajo – trabajó
10. relajo – relajó

> **MI GRAMÁTICA:**
>
> La forma del imperativo para *usted* de algunos verbos terminados en **-ar** se puede confundir fácilmente con la primera persona del singular del indefinido. Por eso es importante la tilde, para poder diferenciarlos: ¡Usted habl**e**!   Ayer yo habl**é** con mis padres.
>
> Lo mismo sucede con la primera persona del presente de algunos vervos terminados en **-ar** y la tercera persona del singular del indefinido. En este caso también se necesita la tilde para diferenciarlos :
> Hoy yo habl**o** con mis amigas.   Ayer usted habl**ó** por teléfono.

b. Escribe frases con estos verbos. ¡Ten en cuenta el tiempo!

1. hablé: _____
2. intento: _____
3. ayudó: _____
4. trabajo: _____
5. visité: _____
6. informó: _____

Mis avances en la lengua

Sé...

- Describir y valorar una ciudad.
  Mi ciudad tiene una buena infraestructura sanitaria y educativa...
- Comparar lugares.
  Altea tiene más habitantes que...
- Expresar la propia opinión.
  Para mí...
- Expresar acuerdo, desacuerdo y dudas.
  Estoy de acuerdo...

Mi carpeta de textos

Escribe un texto y describe el lugar en el que vives. Utiliza el nuevo vocabulario que has aprendido y el superlativo. Completa tu descripción con comentarios personales.

Vivo desde hace 20 años en un pueblo bellísimo cerca de St. Gallen. Para mí, es el lugar ideal...

Test

Elige la opción correcta.

1. Mi ciudad _____ una temperatura media de 16 grados.
   a. tiene
   b. es
   c. está

2. Zaragoza es una ciudad que _____ muy bien comunicada.
   a. es
   b. está
   c. tiene

3. _____ calle es donde vivía yo de pequeño.
   a. Aquella
   b. Ese
   c. Aquel

4. ● Perdone, ¿la parada de autobús está ahí?
   ▲ Sí, _____ es la parada.
   a. esta
   b. este
   c. esa

5. La estación está _____. Está lejos...
   a. aquí
   b. ahí
   c. allí

6. Es una ciudad muy _____ con el medioambiente.
   a. ruidosa
   b. respetuosa
   c. ecológica

7. Mi ciudad está rodeada _____ lagos.
   a. con
   b. de
   c. entre

8. Ayer llegué tarde al trabajo porque me encontré con _____ en el centro.
   a. un atasco
   b. un desplazamiento
   c. un transbordo

9. En los centros de las ciudades, para evitar el tráfico, hay zonas _____.
   a. comunicadas
   b. habitantes
   c. peatonales

10. Cáceres es una ciudad con una buena _____ sanitaria.
    a. seguridad
    b. infraestructura
    c. ubicación

11. Lo mejor de esta ciudad es la _____. Está en el centro del país.
    a. ubicación
    b. clima
    c. población

12. Córdoba tiene _____ habitantes _____ Sevilla.
    a. más / como
    b. mismos / que
    c. menos / que

13. Mi ciudad tiene _____ teatros _____ la tuya.
    a. tanto / que
    b. tantos / como
    c. mismos / como

14. Madrid y Sevilla tienen _____ servicio de alquiler de bicicletas.
    a. los mismos
    b. el mismo
    c. las mismas

15. ¡Es _____ ciudad _____ bonita de mi país!
    a. el / tan
    b. la / más
    c. una / más

16. _____, es muy importante vivir cerca del mar.
    a. Yo creo
    b. Pienso
    c. Para mí

17. Bogotá está situada _____ montañas.
    a. de
    b. entre
    c. por

18. La ciudad está a 500 m _____ el nivel del mar.
    a. de
    b. en
    c. sobre

19. ● Ahora hay más seguridad que antes.
    ▲ Sí, estoy _____ contigo.
    a. acuerdo
    b. de acuerdo
    c. desacuerdo

20. En el centro no se puede ir en coche porque hay problemas con _____ del aire.
    a. el medioambiente
    b. la contaminación
    c. el recorrido

11

NOSOTROS Y EL TRABAJO

1. **¿Por qué te gusta tu profesión?**

   ¿Quién dice qué? Relaciona el nombre y la profesión con el texto correspondiente.

   Lorena, abogada   Armando, peluquero   Mary, médica   Gisela, investigadora   Jorge, futbolista profesional

   1 _____:
   «Me gusta ayudar a otras personas y tengo mucha paciencia. Claro que trabajar de noche y los fines de semana es duro, pero me encanta mi trabajo».

   2 _____:
   «El deporte es mi pasión y me gusta la disciplina. Ser disciplinado en mi profesión es importante porque tengo que entrenar mucho todos los días, pero me siento feliz con mi trabajo».

   3 _____:
   «¿Lo que más me gusta de mi trabajo? Pues, que es muy creativo, que tengo que actualizarme constantemente en las últimas tendencias de la moda. Y bueno, el sueldo no es muy alto, pero recibo buenas propinas».

   4 _____:
   «Siempre quise tener una profesión de prestigio, por eso decidí dedicarme a esto. Muchas personas necesitan asesoramiento y ayuda, y me siento muy bien cuando se lo puedo dar».

   5 _____:
   «Buscar soluciones para los problemas de la humanidad, descubrir cosas nuevas... es algo que me gusta desde joven. Además, desde que conseguí el puesto que tengo ahora en el instituto, tengo el futuro asegurado».

2. **Números y más números**

   a. Completa con palabras o números.

   1 94,7 % _____

   2 _____ setenta y cinco coma tres por ciento

   3 55,1 % _____

   4 61,0 % _____

   5 _____ trece coma dos por ciento

   6 _____ cuarenta y ocho coma nueve por ciento

   b. Completa con los números ordinales como en el ejemplo.

   1. Mi apartamento está en el _séptimo_ (7.º) piso, y el ascensor no funciona.
   2. ● ¡Mi hijo ha conseguido el _____ (1.ᵉʳ) puesto en el concurso de natación! ¡Estoy muy contento!
      ▲ ¡Qué bien! El año pasado también quedó el _____ (1.º), ¿no?
   3. ● ¿Y tú ya has estado en Cádiz?
      ▲ ¡Claro que sí! Esta es la _____ (5.ª) vez que voy. Unos amigos viven allí y a veces voy a visitarlos.
   4. ● Estas empanadas están buenísimas. No puedo parar de comer. ¡Esta es la _____ (6.ª) que como!
   5. Bienvenidos a la _____ (10.ª) Muestra Internacional de Cerámica Artesanal.
   6. ¡Enhorabuena, Mariana! Es tu _____ (3.ª) nieta, ¿no?

setenta y cinco **75**

3. Alma quiere estudiar Arquitectura

a. Mariela y Eduardo leen un artículo sobre los arquitectos en España. Escucha el diálogo y completa la tabla con los datos de la encuesta. ▶ 59

1. _El 49 %_ de los encuestados son mujeres.
2. _____ de las plazas para estudiar Arquitectura se llenan.
3. _____ de las estudiantes de Arquitectura se titulan.
4. _____ de los arquitectos no tienen trabajo.
5. _____ de las arquitectas gana menos de 15 000 € al año.
6. _____ de los arquitectos van a trabajar a países africanos.

b. Observa los datos de **3a** y completa las frases con los siguientes elementos.

la mayoría (de)   casi todos los / todas las   casi nadie
todos los / todas las   ~~la mitad (de)~~   casi la mitad (de)

1. _La mitad de_ los participantes en el estudio son mujeres.
2. _____ plazas de Arquitectura en las universidades están completas.
3. _____ estudiantes terminan los estudios y obtienen un título.
4. _____ están desempleados.
5. _____ los arquitectos que ganan menos de 15 000 € al año son mujeres.
6. _____ quiere ir a países africanos a trabajar de arquitecto.

4. Carmina busca trabajo

¿Qué aspectos son importantes para Carmina en un puesto de trabajo? Lee la lista y relaciona.

Carmina quiere:
1. elegir las horas a las que trabaja
2. un contrato sin límite de tiempo
3. tener posibilidades de aprender
4. recibir un sueldo justo
5. realizar su trabajo sin presión
6. un jefe y compañeros de trabajo amables
7. no tener un trabajo monótono y aburrido

Carmina necesita un trabajo con:
a. buena remuneración
b. formación continua
c. horario flexible
d. tareas interesantes y variadas
e. ambiente agradable
f. contrato fijo
g. poco estrés

5. Para solicitar empleo

Estas personas quieren presentarse a un puesto de trabajo en la empresa Enermex. ¿Qué cualidades tienen? Completa con los verbos *ser*, *saber* o *tener*.

1. Joaquín Menéndez: «La verdad es que _____ exigente y responsable. Además, _____ buena presencia y _____ convencer».
2. Rosaura Ríos: «Bueno, _____ un título universitario, _____ muy organizada y _____ trabajar en equipo».

3. Citlali Ramos: «Pues _____ vender muy bien un producto. Mis mejores cualidades son que _____ mucha paciencia y _____ muy comunicativa. Además, _____ cinco idiomas».

4. Eugenio Salazar: «Lo más importante es que _____ experiencia en trabajos similares, _____ creativo y _____ mucho de informática. Y por si les interesa: también _____ carné de conducir».

6. La carta de solicitud de Citlali

a. Lee la siguiente carta de solicitud de Citlali y elige el verbo adecuado *saber* o *poder*.

Asunto: Solicitud de puesto de trabajo

ENERMEX
Boulevard de la Luz 130
Pedregal de San Ángel
Cd. de México, CP 10200

Estimados señores:
Me dirijo a ustedes en respuesta a la oferta de un puesto de trabajo en su departamento de ventas del pasado 23 de marzo.
Mi nombre es Citlali Ramos Alcántara y ya he trabajado en el área de ventas en empresas del sector. Gracias a esta experiencia, puedo / sé cómo convencer a los clientes y vender un producto.
Además, puedo / sé cinco idiomas: hablo español e inglés perfectamente, y en francés, alemán e italiano tengo un nivel B2. Por eso, puedo / sé tener intercambio escrito en estos idiomas con clientes de otros países. También puedo / sé informática, he hecho varios cursos. Tengo mucha paciencia y soy muy comunicativa.
Puedo / Sé que mi perfil se ajusta al puesto que ofrecen. Y si es necesario, puedo / sé trabajar por las tardes. Si quieren más información, con gusto puedo / sé ponerla a su disposición.
Atentamente,

Citlali Ramos Alcántara

b. Lee otra vez la carta y anota las expresiones correspondientes a los siguientes puntos.

1. Saludo formal: Estimados señores:
2. Introducción: _____
3. Experiencia laboral: _____
4. Cualidades personales: _____
5. Cierre: _____
6. Despedida: _____

7. El currículum de Joaquín

a. Escucha la entrevista de trabajo a Joaquín y marca en qué orden se habla de estos temas. ▶ 60

☐ Estudios y formación
☐ Experiencia laboral
☐ Conocimientos de idiomas
☐ Datos personales
☐ Otras competencias

b. Escucha otra vez y anota los datos correspondientes a los temas de **7a**. Después escribe el currículum de Joaquín en tu cuaderno.

8. ¿Acabas de llegar?

Completa los diálogos con los verbos adecuados en la forma correcta.

empezar a   dejar de   acabar de   volver a

1. ● Oye, Martina. ¿Por qué no planeamos un viaje a Francia para visitar a Agnes?
   ▲ ¡Buena idea! Me gustaría _____ verla. No la he visto desde que se fue a Francia hace dos años.
2. ● ¡Enhorabuena por tu nuevo trabajo!
   ▲ Gracias. La verdad es que estoy muy contenta. El mes próximo _____ trabajar en la empresa.
3. ● Gaby, ¿por qué no _____ estudiar un poco y vienes a comer algo?
   ▲ Sí, mamá, voy en seguida. Pero primero termino este capítulo.
4. ● Pero, ¿cómo van a terminar el trabajo aquí sentados tomando café a las tres de la tarde?
   ▲ Jefe, por favor, _____ llegar a la cafetería. Hemos trabajado sin descanso desde las ocho de la mañana.
5. ● Mmm. ¡Me encanta esa canción! ¿Puedes _____ ponerla por favor?
   ▲ ¡Ay, Lucía, por Dios! Ya la hemos escuchado más de diez veces.

9. La entrevista de trabajo a Citlali

Formula una pregunta para una entrevista de trabajo sobre cada uno de estos temas. Escribe también las posibles respuestas de Citlali con ayuda de los datos de su carta de solicitud en **6a**.

1. Profesión, estudios y experiencia   2. Puesto al que se presenta   3. Cualidades de la persona

Preguntas
1. _____
2. _____
3. _____

Respuestas
1. _____
2. _____
3. _____

Mis palabras

10. Profesiones y sus características

Busca en la unidad y/o en el diccionario tres profesiones que corresponden a estas características:

1. Son trabajos vocacionales: _____
2. Es importante tener buena presencia: _____
3. Son profesiones de prestigio: _____
4. Son trabajos con mucha responsabilidad: _____
5. Es importante tener paciencia: _____

11. Ámbitos laborales

¿A qué ámbitos laborales corresponden las siguientes profesiones? Clasifícalas. ¿Puedes añadir alguna más?

médico/-a   entrenador(a) de tenis   dependiente/-a   futbolista   profesor(a)
militar   guía turístico/-a   investigador(a)   enfermero/-a   fotógrafo/-a
bombero/-a   limpiador(a)   camarero/-a   escultor(a)   cantante   policía
director(a) de cine   recepcionista   auxiliar de vuelo

SEGURIDAD	SANIDAD	DEPORTES	TURISMO Y SERVICIOS	EDUCACIÓN Y CULTURA
_____	_____	_____	_____	_____
_____	_____	_____	_____	_____
_____	_____	_____	_____	_____
_____	_____	_____	_____	_____

12. Trabajo

Completa las frases con las siguientes palabras y expresiones relacionadas con el mundo del trabajo.

la carrera   currículum   ambiente   experiencia laboral
un horario flexible   el sueldo   estable   un contrato

1. En la oficina donde trabajo hay muy buen _____. Los compañeros son muy simpáticos.
2. Quiero enviar mi _____ para un puesto de trabajo que me interesa mucho.
3. Me han ofrecido _____ para dos meses, pero me parece muy poco. Creo que no voy a aceptarlo.
4. Me han dicho que me falta _____, pero eso es imposible... ¡Acabo de terminar mis estudios!
5. Necesito encontrar un trabajo con _____ porque tengo que ir a la universidad y hay días que tengo clase por la mañana y otros por la tarde.
6. En este momento lo que más me interesa es _____. Necesito dinero.
7. Ahora para mí lo importante es encontrar un trabajo _____. Necesito seguridad.
8. Por fin he terminado _____. Ahora ya puedo trabajar como abogada.

13. Palabras relacionadas

Relaciona las siguientes palabras. Hay varias posibilidades.

1. el trabajo
2. la experiencia
3. la formación
4. la seguridad
5. el título
6. el carné
7. el contrato
8. el puesto

a. de trabajo
b. docente
c. universitario
d. en equipo
e. social
f. continua
g. de conducir
h. fijo

Sonidos del español

14. ¡Practicamos la entonación!

a. Escucha las frases y fíjate en la entonación. ▶ 61

b. Escucha otra vez y elige A o B según la entonación. Marca la opción correcta en *Mi gramática*.

1. ¿Cuándo termina el plazo de solicitud de empleo?   A - B
2. ¿Las entrevistas son solo por las mañanas?   A - B
3. Señor Pérez, ¿podría pasar a mi oficina, por favor?   A - B
4. ¿Quién es el encargado de la oficina de personal?   A - B
5. ¿Me ayudas a escribir mi currículum?   A - B
6. ¿Cómo te fue en la entrevista de trabajo?   A - B

> **MI GRAMÁTICA:**
>
> 1. En español suelen ser las preguntas cerradas, que se responden con *sí* o *no*, las que terminan con una entonación ascendente / descendente Si se quiere ser especialmente cordial, las interjecciones se expresan como preguntas con esta misma entonación: _____
> 2. Las preguntas hechas con pronombres interrogativos (*qué, quién, cuál, cómo, dónde*) suelen terminar con una entonación ascendente / descendente , de esa forma se resalta la pregunta: _____

Mis avances en la lengua

Sé...

- Hablar de profesiones y condiciones de trabajo.
   Tiene un trabajo monótono y poco atractivo...
- Comprender anuncios de puestos de trabajo.
   Ofrecen horario flexible y contrato fijo...
- Redactar una solicitud laboral y un currículum.
   Mi experiencia laboral...
- Describir capacidades y características para un puesto de trabajo.
   Tengo buena presencia y sé...

Mi carpeta de textos

a. Lees en el periódico una oferta de trabajo a la que quieres mandar una solicitud. Describe el puesto de trabajo. Las siguientes palabras te pueden ayudar.

> realiza tareas interesantes y variadas   horario flexible   es un trabajo creativo
> aprende cosas nuevas   gana mucho dinero   es una profesión de prestigio
> ofrece posibilidades de promoción   es un trabajo vocacional

*Redactor del periódico del barrio.
Es un trabajo creativo...*

b. Escribe ahora una solicitud para el trabajo de tu vida con todos los elementos necesarios.

Test

Elige la opción correcta.

1. Luis es _____ en un taller de coches.
   a. dependiente
   b. mecánico
   c. entrenador

2. El 49 % está contento con su trabajo, casi _____.
   a. la mitad
   b. la mayoría
   c. todos

3. El año pasado empecé el curso y este es mi _____ año.
   a. tercero
   b. primer
   c. segundo

4. Primero nacieron mis cuatro hermanos y después yo, soy el _____.
   a. octavo
   b. quinto
   c. décimo

5. Para mí es importante tener un buen _____.
   a. remuneración
   b. sueldo
   c. promoción

6. Para ese puesto piden _____ un *máster*.
   a. tener
   b. saber
   c. ser

7. En la escuela donde trabajo hay muy buen _____. Toda la gente es muy amable.
   a. disposición
   b. ambiente
   c. personal

8. Mi _____ termina la próxima semana. Después tengo que buscar otro trabajo.
   a. contrato
   b. entrevista
   c. oferta

9. Alfredo es médico, tiene un trabajo muy _____.
   a. responsabilidad
   b. feliz
   c. vocacional

10. En esta empresa tengo muchas posibilidades de _____.
    a. promoción
    b. remuneración
    c. prestigio

11. Me encanta trabajar _____.
    a. en empresa
    b. temporal
    c. en equipo

12. Me voy a _____ a un puesto de trabajo que anuncian.
    a. solicitar
    b. presentar
    c. disponer

13. Mi padre _____ trabajar porque está jubilado.
    a. ha empezado a
    b. ha vuelto a
    c. ha dejado de

14. La última vez que hablé con Sandra fue hace dos meses y no la _____ a ver.
    a. he dejado
    b. he vuelto
    c. he empezado

15. Tengo un _____ de la Universidad de Barcelona.
    a. máster
    b. licenciado
    c. titulación

16. Quedo a su _____ para cualquier pregunta.
    a. conocimiento
    b. entrevista
    c. disposición

17. ¿En qué _____ su trabajo actual?
    a. valora
    b. consiste
    c. aporta

18. Para este trabajo necesito _____ de conducir.
    a. una licenciatura
    b. un documento
    c. un carné

19. Me ofrecen un trabajo _____, de junio a septiembre.
    a. estable
    b. temporal
    c. fijo

20. Tengo que escribir la carta de _____ para un puesto de trabajo
    a. solicitud
    b. responsabilidad
    c. titulación

¡ESTAMOS AL DÍA!

1. **Para hablar de los medios de hoy**

   Relaciona estas palabras y expresiones con los medios correspondientes. Hay varias posibilidades.

   A televisión   **B** ordenador   **C** móvil   **D** tableta   **E** radio   **F** periódico

   llevar una agenda _B, C, D_
   escribir mensajes _____
   estar informado/-a _____
   descargar una aplicación _____
   escuchar música _____

   impresora _____
   leer noticias _____
   chatear _____
   teclado _____
   pantalla _____

2. **¡Están al día!**

   a. ¿De qué aparato se habla en cada uno de los diálogos? Escucha y relaciónalos con las fotos. ▶ 62–65

   a ◯   b ◯   c ◯   d ◯

   b. ¿Para qué usan las personas de los diálogos los aparatos de **2a**? Escucha otra vez y relaciona.

   ___ descargar juegos
   ___ buscar información
   ___ tener acceso a las redes sociales
   ___ ver programas de televisión
   ___ instalar aplicaciones
   ___ guardar música
   _1_ hacer fotos
   ___ escuchar música
   ___ mandar fotos
   ___ guardar fotos

3. **¿Cómo lo hacen?**

   Sustituye las expresiones marcadas por adverbios terminados en -*mente*.

   1. ● A mí me gusta leer *con tranquilidad* el periódico durante el desayuno. → _tranquilamente_
      ▲ Pues, yo no tengo tiempo. Lo leo en el metro.
   2. Me he descargado esta aplicación para consultar el tiempo *de manera fácil*. → _____
   3. Los fines de semana no hay nada mejor que ver la televisión *con comodidad* en el sofá. → _____
   4. ● Ana, ¿tú misma organizas tus viajes?
      ▲ Sí, lo hago todo *de manera rápida* con internet. → _____
   5. En las vacaciones me encanta leer *de manera relajada* un libro en la playa. → _____
   6. Para abrir la ventana tienes que tirar *con fuerza*. → _____

4. Las preposiciones "por" y "para"

a. ¿Qué sentido tienen *por* y *para* en estas frases? Relaciona.

- a. Finalidad
- b. Destinatario
- c. Opinión
- d. Motivo
- e. Medio
- f. Actualidad
- g. Lugar no concreto
- h. Tiempo no concreto

1. *Y para ti*, ¿cuál es el mejor móvil actualmente? ___
2. Le ofrecemos este móvil último modelo *por solo 250 €*. ¡Es la oferta de esta semana! ___
3. He comprado mi tableta en una tienda de electrónica que está *por la estación central*. ___
4. *Por motivos de seguridad*, no se pueden usar aparatos electrónicos en los aviones. ___
5. *Para estar informado* consulto mi móvil constantemente. ___
6. Me he enterado *por el periódico* de que han robado otro banco. ___
7. He comprado una tableta *para mi hermana*. ¡Le va a encantar! ___
8. Prefiero tomar café en la oficina *por la mañana*. En casa no tengo mucho tiempo porque tengo que llevar a los niños al colegio. ___

b. Escribe cinco frases con *por* y *para*. Indica en cada una qué sentido tienen estas preposiciones.

5. ¿Cuál de las dos?

Completa con la preposición correcta.

por   para

1. ● Estoy muy emocionada con la telenovela que termina hoy. _____ ti, ¿al final con quién se va a casar Carolina?
   ▲ Yo creo que se va a casar con Rodrigo Manuel. ¡En la escena final del capítulo anterior estaban los dos caminando juntos _____ la playa!
2. ● Disculpe, señor. ¿Cuánto quiere _____ ese plato de cerámica?
   ▲ Cincuenta pesos, señorita. Lo puede usar _____ servir ensaladas, por ejemplo.
   ● Es muy bonito. Pero necesito dos. ¿Tiene otro igual? Es _____ un regalo.
   ▲ Sí, mire, aquí tengo otro. Le doy los dos _____ ochenta pesos.
3. ● Estoy muy nerviosa. Voy a dar una vuelta _____ relajarme un poco.
   ▲ ¿Vas a pasear _____ el centro?
   ● No, voy a ir al parque. Dicen que el contacto con la naturaleza es bueno _____ los nervios.
   ▲ Bueno, si después quieres ir al centro, llámame _____ teléfono y bajo rápidamente.
4. ● ¡Qué planta tan bonita! ¿La has comprado _____ nosotros?
   ▲ No, es _____ mi madre. Mañana es su cumpleaños.

6. Prensa para todos

¿Qué tipo de prensa les interesa a estas personas? Relaciona.

1. Necesito estar bien informado de todo lo que pasa en el país y en el mundo.
2. A mí lo que me gusta es saber las últimas novedades de los famosos.
3. Me dedico a la investigación y necesito estar al día sobre los avances de la ciencia.
4. Desde que trabajo en la Bolsa de Valores, esta es mi "biblia".
5. Afortunadamente, estoy jubilado y ahora los lunes tengo tiempo para leer los resultados de los partidos del fin de semana.

a. periódicos o revistas de economía
b. revistas científicas o especializadas
c. revistas del corazón
d. prensa deportiva
e. prensa diaria de información general

7. ¡Hablamos del futuro!

a. Clasifica las siguientes formas de futuro en la tabla y escribe el infinitivo correspondiente.

llegaré   haréis   daremos   empezarán   saldrán   querré   subirás   tendrás
estaréis   conocerá   diremos   pondrá

	regulares futuro	infinitivo	irregulares futuro	infinitivo
yo				
tú				
él/ella/usted				
nosotros/-as				
vosotros/-as				
ellos/ellas/ustedes				

b. Escribe seis frases con los verbos de **7a** en futuro sin cambiar las personas. Usa los marcadores temporales del recuadro.

mañana   el próximo verano   este fin de semana
la próxima semana   dentro de un año   el próximo 17 de marzo

1. _____
2. _____
3. _____
4. _____
5. _____
6. _____

8. Noticias y secciones

Completa las noticias con el verbo adecuado en futuro y relaciónalas con la sección correspondiente.

hablar   presentar   firmar   llover   ganar   ver

1. ¡A sacar los paraguas! El fin de semana _____ prácticamente en todo el país.
2. La afición se muestra más segura que nunca: "Este año en la Copa de Europa _____ nuestro equipo".
3. Los jefes de gobierno _____ los nuevos acuerdos económicos durante su próxima reunión en Suiza.
4. En otoño, Karina y Josué _____ su nueva película en el Festival de Cine Internacional.
5. El próximo mes de agosto, _____ a toda la alta sociedad reunida en la boda del año.
6. El famoso profesor Ruiz Sánchez _____ sobre los nuevos avances en Neurociencia.

A. Ciencia   B. Previsiones del tiempo   C. Economía

D. Noticias de sociedad   E. Cultura   F. Deportes

9. Deseos para los viajes

a. ¿Qué les gustaría hacer a estas personas en sus viajes? Formula frases con los siguientes elementos.

~~conocer a otros jóvenes~~   disfrutar de las vacaciones juntas   llegar rápidamente a su destino   pasar unos días tranquilos con la familia   mezclar cultura y diversión

1. Verónica, estudiante de Erasmus.
   A ella le gustaría conocer a otros jóvenes.

2. Samuel, viaja con su esposa y sus dos hijos.
   _____

3. Enriqueta, viaja con sus amigas.
   _____

4. Felipe, viaja frecuentemente por motivos de trabajo.
   _____

5. Alfredo, viaja con mochila.
   _____

b. Y tú, ¿qué deseos tienes para tus próximos viajes? Formúlalos.

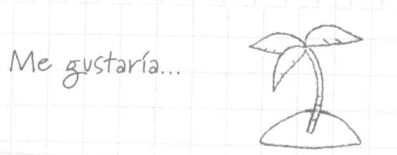

Me gustaría...

Mis palabras

10. Los adverbios

a. Forma los adverbios correspondientes a estos adjetivos.

1. amable → _amablemente_
2. puntual → _____
3. relajado/-a → _____
4. lento /-a → _____
5. rápido/-a → _____
6. tranquilo/-a → _____
7. fácil → _____
8. activo/-a → _____
9. respetuoso/-a → _____
10. cómodo/-a → _____

-mente

b. Relaciona los adverbios anteriores con estos verbos. Hay varias posibilidades.

1. leer: _tranquilamente,_ _____
2. llegar: _____
3. saludar: _____
4. hablar: _____

11. Comunicación

Relaciona las siguientes palabras. Hay varias posibilidades.

1. descargarse
2. enviar
3. estar
4. hablar
5. poner
6. subir
7. chatear
8. hacer

a. conectado
b. una aplicación
c. un mensaje
d. con alguien
e. una entrevista
f. por teléfono
g. una foto
h. la radio

12. Titulares

Escribe un titular de una noticia (puede ser inventada) para cada una de estas secciones de un periódico.

1. NACIONAL
_____

2. POLÍTICA INTERNACIONAL
_____

3. CULTURA
_____

4. DEPORTES
_____

5. ECONOMÍA
_____

6. CIENCIA
_____

7. SOCIEDAD
_____

8. LA PREVISIÓN DEL TIEMPO
_____

Sonidos del español

13. El uso de la coma en español

a. Lee las frases poniendo especial atención en las comas y completa la regla.

1. No, espera. / No espera.
2. Mi hijo, que es muy tranquilo, hoy estaba furiosísimo.
3. Han comprado una falda roja, una blusa blanca y un pañuelo azul.
4. No me gusta el picante, pero esta salsa está muy buena.

b. Escucha las frases y escribe las comas que faltan. ¿A qué regla de **13a** corresponde cada ejemplo? ● 66

1. En el mercado venden fruta verdura carne y pescado. **Regla:** __
2. No me gusta ver la televisión. **Regla:** __
3. Jacinto que es el esposo de mi amiga es un excelente cantante. **Regla:** __
4. Ayer no pudimos visitar a la abuela pero llamamos por teléfono. **Regla:** __

> **MI GRAMÁTICA:**
> La coma se utiliza para marcar pausas. Otros usos de la coma:
> a. Delante de conectores que indican una oposición, como *pero*, como por ejemplo, en la frase __.
> b. En una enumeración para separar elementos, como por ejemplo, en la frase __.
> c. Para introducir una aclaración dentro de una frase, como por ejemplo, en la frase __.
> d. Para distinguir entre varios significados posibles de una frase, como por ejemplo, en la frase __.

Mis avances en la lengua

Sé...

- Hablar de los medios de comunicación.
  Me gusta leer el periódico para estar bien informado/-a...
- Hablar sobre el futuro.
  La próxima semana sabremos...
- Expresar deseos.
  Me gustaría continuar...

Mi carpeta de textos

¿Qué vas a hacer hasta que tengas tu próximo curso de español? Escribe un texto sobre tus planes para el futuro. Las siguientes palabras pueden servirte de inspiración.

ir de vacaciones a un país de habla hispana
hablar con nativos   hacer ejercicios en el ordenador
hacer intercambio con un nativo
leer periódicos en español
escuchar noticias en la radio en español
ver los vídeos de *Impresiones*
leer un libro en español   ver películas en español

El próximo mes iré de vacaciones a Argentina...

Test

Elige la opción correcta.

1. Cuando escucho música me pongo _____ y así no molesto a nadie.
   a. el canal
   b. los auriculares
   c. el móvil

2. Me gusta leer el periódico _____.
   a. fácilmente
   b. realmente
   c. tranquilamente

3. _____ ir al parque hay que pasar _____ mi calle.
   a. Para / por
   b. Por / para
   c. Para / para

4. Estudio español _____ mi novio, que es argentino. También lo hago ____ viajar por el mundo.
   a. para / por
   b. por / para
   c. para / para

5. _____ encontrar trabajo lo mejor es buscar _____ internet.
   a. Para / por
   b. Por / para
   c. Para / para

6. No me gustan las revistas _____. No me interesan los famosos.
   a. científicas
   b. prensa deportiva
   c. del corazón

7. En la sección de _____ he leído que el gobierno sube los impuestos.
   a. deportes
   b. política nacional
   c. sociedad

8. Quiero _____ una aplicación.
   a. descargarme
   b. informarme
   c. encontrarme

9. Yo normalmente escucho _____ de radio que me encanta.
   a. un medio
   b. una edición
   c. una emisora

10. No puedo escribir porque _____ no funciona.
    a. el reportaje
    b. el teclado
    c. el suplemento

11. El año próximo yo no _____ en la escuela.
    a. trabajaré
    b. trabajará
    c. trabajar

12. Creo que nuestro equipo _____ la Copa del Mundo.
    a. dará
    b. ganará
    c. subirá

13. ¿No sabes qué _____ en agosto para las vacaciones?
    a. habrás
    b. querrás
    c. harás

14. Volveremos a España _____ un año.
    a. dentro
    b. dentro de
    c. el próximo

15. Guayaquil es una ciudad _____.
    a. ecuatoriana
    b. colombiana
    c. peruana

16. Cuzco era la capital del imperio _____.
    a. azteca
    b. inca
    c. maya

17. El Tren de las Nubes está en_____.
    a. Argentina
    b. Uruguay
    c. Chile

18. Comayagua y Antigua son dos ciudades _____.
    a. centroamericanas.
    b. sudamericanas.
    c. norteamericanas.

19. _____ es un edificio de Gaudí.
    a. La Sagrada Familia
    b. El museo Guggenheim
    c. El Arco de Santa Catalina

20. _____ escribió Don quijote de la Mancha.
    a. Gabriel García Márquez
    b. Miguel de Cervantes
    c. Ernesto Guevara

TRANSCRIPCIONES

UNIDAD 1
NUEVA ETAPA

7a ▶ 1–4

1.
- ¿Qué tal tu curso de español?
- ¡Mmm…, no sé! Me gusta mucho la clase, pero me cuesta recordar las palabras. Por eso no tengo el vocabulario suficiente para hablar y escribir en español.

2.
- Oye, tú hablas muy bien francés, ¿no? Es que tengo problemas con la pronunciación. Me cuesta mucho pronunciar bien las palabras. ¿Qué puedo hacer?

3.
- Aprendo inglés desde hace dos años y la profesora dice que hablo bien. Pero cuando estoy en el extranjero y quiero hablar inglés, me bloqueo. Me faltan las palabras. ¡No sé qué hacer!

4.
- La verdad es que lo que más me cuesta en español es escribir: escribir textos, correos electrónicos, cartas… ¿Qué me recomiendas para mejorar?

7b ▶ 5–8

Diálogo 1:
- ¿Qué tal tu curso de español?
- ¡Mmm…, no sé! Me gusta mucho la clase, pero me cuesta recordar las palabras. Por eso no tengo el vocabulario suficiente para hablar y escribir en español.
- Para aprender mejor el vocabulario, puedes escribir frases con las palabras nuevas de cada clase. De este modo, no solo recuerdas las palabras, sino que también sabes cómo se usan, en qué contexto.

Diálogo 2:
- Oye, tú hablas muy bien francés, ¿no? Es que tengo problemas con la pronunciación. Me cuesta mucho pronunciar bien las palabras. ¿Qué puedo hacer?
- Pues, yo creo que, además de escuchar la radio, es muy útil cantar canciones. Con el ritmo de la canción es más fácil pronunciar las palabras en francés. Y en internet puedes encontrar muchas canciones con textos. ¡Es muy divertido!

Diálogo 3:
- Aprendo inglés desde hace dos años y la profesora dice que hablo bien. Pero cuando estoy en el extranjero y quiero hablar inglés, me bloqueo. Me faltan las palabras. ¡No sé qué hacer!
- Pues, tienes que participar en las tertulias con nativos de lengua inglesa. ¡Ayuda mucho! En las tertulias el ambiente es muy relajado y se habla de temas muy variados. Y lo mejor es que se practica mucho.

Diálogo 4:
- La verdad es que lo que más me cuesta en español es escribir: escribir textos, correos electrónicos, cartas… ¿Qué me recomiendas para mejorar?
- Pues, yo creo que lo mejor es leer libros de lectura graduada, así aprendes estructuras, vocabulario… y luego es más fácil escribir. Bueno, claro, y practicar. Escribir a amigos hispanohablantes, por ejemplo.

14b ▶ 9

1. per-so-na; 2. tar-je-ta: 3. for-ma; 4. a-mi-gos; 5. pe-lí-cu-las; 6. ac-ti-va; 7. al-gu-nos; 8. es-pa-ñol; 9. tra-du-cir; 10. li-bro.

UNIDAD 2
PARA TI Y PARA MÍ

5b ▶ 10–14

Diálogo 1:
- Mira, vamos a moverla a la otra habitación.
- Susana, no está tan vieja. ¿Qué vas a hacer con ella?
- La voy a vender por internet. Seguro que alguien la compra, es muy clásica.

Diálogo 2:
- ¡Uy, son muchas! No las vas a tirar a la basura, ¿verdad?
- No, no. Una vez a la semana las llevo al contenedor de metales que está en la calle.

Diálogo 3:
- Tienes muchos… y estos sobre fotografía seguro que son muy interesantes.
- Si quieres, te los regalo. Yo ya no los necesito.

Diálogo 4:
- Ves, no funciona. La verdad es que no sé qué hacer con él.
- Pues lo puedes reciclar en alguno de los puntos de reciclaje de la ciudad.
- Sí, es verdad. Lo voy a reciclar.

Diálogo 5:
- Mira, te doy estas dos para poner los libros. Aquí hay muchas. Las uso de nuevo para comprar en el súper.
- Susana, eres toda una experta del reciclaje.

TRANSCRIPCIONES

6 ▶ 15

1.
- ¡Qué bonito es tu piso! ¡Felicidades! ¿Y esas plantas?
- Pues nos las han dado nuestros vecinos. ¿Te gustan?
- Sí, son preciosas. ¡Qué simpáticos vuestros vecinos!

2.
- Y estos cuadros, ¿quién os los ha regalado?
- No, no son un regalo. Los ha pintado Carlos.

3.
- Mira, este es el dormitorio.
- ¡Qué luminoso! Oye, ¿dónde has comprado la alfombra?
- Me la regaló mi madre el año pasado, antes de la boda.

4.
- ¿Y el piso tiene balcón?
- Sí, claro. Ahora mismo te lo enseño.

5.
- Y los muebles del salón, ¿te gustan?
- Sí, son muy modernos.
- Nos los compraron los padres de Carlos como regalo de boda.

10b ▶ 16

1.
- Hola mamá. ¿Qué hace papá? ¿Dónde está?
- Pues se ha llevado el periódico y está en el sofá, en el salón.

2.
- ¿Los niños están en el jardín?
- Mmm... Sí, claro, como hace buen tiempo, han salido. ¿No los oyes?

3.
- Ya estoy muy cansado. ¿Nos vamos?
- Sí, yo también estoy cansada. Pero el examen es mañana. Nos quedamos un poco más, ¿de acuerdo?

4.
- ¡Hola! ¿Hay alguien en casa?
- ¡Shhh, Manuel! ¡Habla más bajo, por favor? Marianita está en la cama.

5.
- ¿Dígame?
- ¿Está Marta? Soy Alberto, un compañero de la uni.
- Pues está en la ducha. Un momento... ¡Marta, te llama un compañero de la universidad!

6.
- Alejandro, ¿ya te has despertado? El desayuno está en la mesa.
- ¡Sí, mamá, ya voy!

16 ▶ 17

1. beso; 2. ropa; 3. bollo; 4. capa; 5. veces, 6. pista; 7. pero; 8. carro

UNIDAD 3
UN AÑO ESPECIAL

5b ▶ 18

Verbos regulares: celebré, conoció, ganó, nació, pedí, decidió, participó.
Verbos irregulares: dije, hizo, tuve, estuve, pude, puso, vino.

6a ▶ 19

- Hola, Amalia. ¿Qué tal tu fin de semana? Estuviste en San Sebastián, ¿no?
- Sí, estuve en San Sebastián, en el País Vasco. ¡Y fue maravilloso! El viernes por la tarde llegué en avión directamente a la ciudad. Me quedé en un hotel en las afueras porque los hoteles en el centro de San Sebastián son muy caros. Me acosté temprano y dormí profundamente toda la noche por el cansancio del viaje.
A la mañana siguiente, el sábado, empecé la visita por la ciudad: recorrí la playa de la Concha, visité la catedral del Buen Pastor y subí al monte Urgull. Al mediodía fui a la parte vieja de la ciudad y tomé unos pinchos en uno de los bares de la calle 31 de agosto y por la tarde bebí un café en la plaza de la Constitución. Además, conseguí entradas para un concierto por la noche en un bar de moda.
Al día siguiente...

15b ▶ 20

1. guí-a; 2. fa-mi-lia; 3. nues-tro; 4. far-ma-cia; 5. re-al; 6. es-tu-dian-tes; 7. cre-o; 8. en-ví-o; 9. len-gua; 10. com-pa-ñí-a.

UNIDAD 4
CON TUS MANOS

2a ▶ 21

- Buenas tardes, señora. ¿La puedo ayudar?
- Buenas tardes. Sí, mire, estoy buscando un regalo original para una amiga.
- Bueno, en nuestro bazar encuentra todo tipo de objetos únicos realizados por artistas.
- Mmm. A ver, esos marcos para fotos, ¿de qué material son?

TRANSCRIPCIONES

- Estos ovalados se hacen de cartón. ¿Verdad que son preciosos?
- Bueno, no sé. ¿Y esas figuras?
- Son de metal. Se hacen con metal reciclado.
- Son realmente muy decorativas, pero no son útiles. A ver, esa ensaladera...
- ¿Esta redonda?
- Sí, sí, esa. ¿De qué material es?
- Es de madera. Es muy ligera y resistente.
- Sí. ¡Perfecto! Me llevo la ensaladera. Es muy bonita, ¡y qué práctica!

4a ▶ 22

Muy buenas tardes, señoras y señores. Les saludo en una emisión más de nuestro programa "Adivinar y ganar". Les recuerdo las reglas del juego. Escuchen las descripciones, adivinen de qué se trata y llamen por teléfono. Las primeras tres llamadas tienen oportunidad de llevarse el premio mayor. ¿Listos? Comenzamos.
El tema de hoy es "En la casa y la oficina":
1. Este aparato eléctrico sirve para secar la ropa después de lavarla. ¡Es muy práctico! ¿Qué es?
2. Esta especie de ordenador pequeño es fácil de llevar a todas partes y funciona con batería recargable. Sirve para conectarnos a internet, tomar fotos, ver películas...
3. Aparato eléctrico que expulsa aire caliente y que se usa para secar el pelo mojado.
4. Funciona con electricidad. Se conecta al ordenador y sirve para imprimir los documentos del ordenador en papel.

¿Tienen todas las respuestas? Esperamos su llamada. ¡Su oportunidad de ganar es enoooormeee...!

13a ▶ 23
1. Los hombres son hábiles.
2. Una botella de agua.
3. ¿No es preciosa?
4. Se hacen con barro.
5. Una bolsa original.
6. El libro es interesante.
7. Tiene un CD con recetas.
8. ¿Qué es?

13b ▶ 24
1. ¿Quién cree que es muy hábil?
2. ¿Qué no hace nunca?
3. Son los objetos que ellas mismas han hecho.
4. ¿No es preciosa?
5. El resultado es fantástico.
6. Se usa para cortar el césped.
7. ¿Cómo están decoradas las paredes?
8. ¿Tiene objetos o muebles restaurados?

UNIDAD 5
¿CÓMO ERA ANTES?

4a ▶ 25
- Hola, Juan Manuel. ¡Qué sorpresa! De nuevo aquí en "Electromás".
- ¡Hola, Miguel! Claro, ya sabes que me encantan las tiendas de aparatos electrónicos. Pero a ti también, ¿eh?
- ¡Uf! Sí, sí, a los dos desde jóvenes. Pero cuenta, ¿qué necesitas esta vez?
- Bueno, realmente no necesito nada. Pero en la página web de la tienda he visto que tienen este nuevo modelo y he venido a verlo, informarme y quizá... lo compro. No sé. ¿Qué te parece?
- ¡Me parece increíble! Es preciosa.
- Y es muy moderna, incluye funciones de internet. Y mira, mira la pantalla que tiene. ¡Gigante! ¿Te acuerdas de cómo eran antes?
- Sí, el aparato era gigante, pero la pantalla era muy pequeña.
- ¡Y mira qué colores, qué contraste!
- Sí, la imagen es magnífica. ¡Es increíble! De niños pasábamos horas y horas viendo nuestras series favoritas. ¡Y eso que eran en blanco y negro!
- ¡Así es! Yo me acuerdo sobre todo de que continuamente se perdía la señal y mi padre movía la antena para recuperar la imagen.
- ¡Ay, qué aventuras! ¿Y te acuerdas del primer telemando?
- ¡Cómo no! ¡Era enorme! Tenía solo cuatro botones durísimos. En cambio ahora, los aparatos son muy ligeros y fáciles de manejar.
- Sí, es cierto. La verdad es que ahora que veo este nuevo modelo, yo también estoy pensando comprar una.
- ¡Qué buena idea! Si compramos dos, quizá nos hacen un buen precio.
- Bueno, bueno, espera un poco. Mejor vamos a pensar cómo decírselo a nuestras esposas. Te invito a una cerveza.
- Buena idea, así me cuentas sobre el ordenador nuevo que compraste por internet el mes pasado...

10b ▶ 26
- ¡Cómo ha cambiado mi vida desde que vivo en Playa del Carmen! Claro que Saltillo es una ciudad muy bonita, pero muy industrial y con mucho tráfico. Cuando vivía allí, iba al trabajo en autobús porque era imposible ir en bici por el tráfico.
A mediodía casi no me daba tiempo para comer. Comía con prisas para regresar a la oficina a tiempo. Después del trabajo hacía ejercicio en el gimnasio o nadaba en la piscina. Frecuentemente iba sola al teatro y veía a mis amigos una o dos veces al mes

TRANSCRIPCIONES

como máximo. Es que en la ciudad todo el mundo está muy ocupado y tiene menos tiempo libre. En cambio ahora aquí, en Playa del Carmen, mi vida es mucho más tranquila. Por ejemplo, voy al trabajo en bici, ya que en Playa del Carmen no hay muchos coches. Por la mañana, antes del trabajo, hago ejercicio en la playa. ¡Es un lujo! A mediodía como con calma, ya que me da tiempo a ir a casa. ¡Aquí todo está muy cerca! Además, puedo nadar en el mar, y me he vuelto una aficionada del buceo, buceo con frecuencia. La oferta cultural no es tan amplia como en Saltillo, pero eso sí, me encuentro con amigos al menos dos veces por semana. Aquí todos tenemos mucho más tiempo libre. Fue una buena decisión dejar la ciudad.

15a ▶ 27
Grupo 1: aire, ciudad, después.
Grupo 2: Uruguay, buey, semiautomática.
Grupo 3: país, cacao, tío.

15b ▶ 28
estudiar, paella, televisión, estudiáis, toalla, guau, antiguo, actuáis, teatro, euro.

UNIDAD 6
¿Y QUÉ PASÓ?

5a ▶ 29–33
1.
- Hola, Elena, Elena... Por favor, llama otra vez. Te oigo muy mal.
- De acuerdo. Ahora te llamo de nuevo.

2.
- Mira tu bolso. ¡Está muy viejo y roto! ¿Por qué no te compras uno nuevo?
- Es que quiero esperar a las ofertas.

3.
- Clara, ¿vas a venir al concierto de esta tarde?
- No sé. Creo que no.
- Pero, ¿por qué? ¡Vamos a ir todos!
- Es que tengo que estudiar para el examen.

4.
- ¿Y mis llaves del coche? ¿Dónde están?
- ¿No las tienes en el bolso?
- No, no encuentro las llaves. Voy a regresar a la oficina a buscarlas.

5.
- ¿Sabes algo de Álex? ¿Cuándo se va a México?
- Este sábado. Está muy contento con este viaje. Ya sabes que le interesa mucho la cultura maya.

6b ▶ 34
- ¿Y saliste de la oficina corriendo y sin decir nada?
- Sí, me fui en mi coche a casa de mi amiga Nuria porque necesitaba hablar con alguien.
- Y Nuria, ¿qué te dijo?
- Bueno, Nuria no estaba sola. Su hermano Ramón estaba con ella en su casa. Estaban muy contentos por el éxito de la empresa de Ramón y lo estaban celebrando. Al final, les conté a los dos todo.
- ¡Ajá!
- Y lo mejor de todo es que al oír la historia, Ramón inmediatamente me ofreció trabajo en su empresa.
- ¿De verdad?
- Sí, y ahora trabajo para el hermano de Nuria y me siento estupendamente porque me entiendo muy bien con él...

13a ▶ 35
1. caso; 2. entrevisto; 3. cambió; 4. hablo; 5. dejó; 6. llevó; 7. enseño

13b ▶ 36
1. el viaje; 2. el anuncio; 3. el paso; 4. el reclamo; 5. el tomo; 6. el saco; 7. el trabajo

UNIDAD 7
HOY COCINO YO

5a ▶ 37
- ¡Hola, mami! ¡Necesito tu ayuda! Esta noche vienen unos amigos a cenar y no sé qué preparar. ¿Tienes alguna idea?
- Mmm... A ver..., pues prepara un hojaldre de verduras. ¿Qué te parece?
- ¡Qué buena idea! ¿Y cómo es la receta?
- Bueno, ¿tienes papel y bolígrafo para escribir?
- Sí, ¡espera un momentito! Pero dime, ¿tengo que preparar la masa?
- No, no. Compra la masa de hojaldre ya lista en la panadería.
- Perfecto. ¿Y luego?
- Lava y pela las verduras. Después corta las verduras con un cuchillo.
- Muy bien, lavo y pelo las verduras y las corto con un cuchillo.
- Bien. A continuación dora la cebolla en una cacerola con un poco de mantequilla y añade las verduras.
- Sí...
- Coloca la masa de hojaldre en un recipiente. Luego bate cuatro huevos, la crema y el queso rallado con una batidora. Al final, pon las verduras en el recipiente y la mezcla de queso y huevo encima. Deja todo en el horno a 180 grados durante 35 minutos. ¡Y ya está listo!

TRANSCRIPCIONES

- Parece fácil, ¿no?
- Sí, hija, es fácil.
- ¡Muchas gracias, mamá! Me voy rápido a comprar todos los ingredientes... ¡Un beso!
- ¡Un beso, hija!

7a ▶ 38
- ¡Qué emoción! La fiesta ya es mañana.
- Sí, mujer, muy emocionante. Pero todavía falta mucho por hacer.
- Ay, Javi, no te preocupes. Mira, vamos a repartirnos las cosas que hay que hacer.
- De acuerdo. A ver..., ¿quién decora el salón? ¿Lo haces tú?
- No, mejor decóralo tú. Tienes mejor gusto. Y la lista de la compra también la haces tú, ¿de acuerdo?
- Bueno, vale, la hago yo. Pero recuerda que todavía tengo que elegir la música.
- Claro, elígela esta noche, por favor. ¡Es muy importante! Y yo cocino. Pero ¿quién compra los ingredientes?
- Mmm... si quieres, al salir de la oficina los compro yo. El supermercado me queda de camino.
- Perfecto. ¡Ah, casi se me olvida! También pon las mesas en el salón.
- ¿Algo más? Al final, lo voy a hacer todo yo.
- ¡Ay, qué exagerado eres, Javier!

14a ▶ 39
1. usted elija, 2. ustedes busquen, 3. usted cueza, 4. ustedes utilicen; 5. usted consiga; 6. ustedes coloquen 7. usted escoja.

UNIDAD 8
¡ME SIENTO BIEN!

3a ▶ 40–44
Diálogo 1:
- ¡Hola, Joel! ¿Joel...? ¿Qué te pasa? Tienes mala cara, estás muy blanco.
- ¡Ay, pues... no sé, me siento un poco mal! Es que ayer fuimos a comer paella muy tarde por la noche y creo que comí demasiado.

Diálogo 2:
- ¡Hola, Elena, mi amor! ¿Estás lista? Pero, pero... ¿qué haces acostada? ¿No te has vestido aún? Hoy es nuestra cena de aniversario, ¿no te acuerdas?
- Sí, ya lo sé, pero es que no me encuentro bien.
- ¿Pero qué te pasa?
- ¡Ay, todo me da vueltas! Y no puedo estar de pie, tengo que estar sentada o acostada...
- Quizás, quizás... ¡Un bebé!

Diálogo 3:
- Álex, ¿pero qué te pasa? ¿Por qué no comes? ¿No tienes hambre?
- Es que no puedo... ¡Me duelen muchísimo!
- ¡Uy, sí! Tienes la parte izquierda de la cara hinchada. Espera, voy a llamar a tu dentista...
- ¡No, no, por favor!

Diálogo 4:
- ¡Uf! No vuelvo a ir contigo a la montaña. ¡Esta es la última vez!
- ¡Ay, Neus! Siempre dices lo mismo, pero tú y yo sabemos que te encanta el senderismo.
- Sí, pero no es necesario ir a la montaña más alta y caminar tantas horas. ¡Ay, qué dolor! Ah, por fin me puedo quitar las botas...

Diálogo 5:
- ¡Hola, Juan! ¿Qué tal anoche el concierto de rock?
- El concierto bien, pero yo grité mucho y además bebí un par de cervezas muy frías y...
- ¡Uy, pues cuídate! Toma un vaso de leche caliente y quédate en casa.

5a ▶ 45–48
Consejo 1:
Vamos a ver... Bueno... Creo que lo que usted necesita es muy sencillo. Cene ligero... y antes de acostarse, tome un vaso de leche caliente con miel. ¡Seguro que funciona!

Consejo 2:
Sí, posiblemente es porque usted trabaja demasiado y tiene mucho estrés. Si los analgésicos no lo han ayudado hasta ahora, es que su cuerpo nos quiere decir algo. Sobre todo lo que usted necesita ahora es descansar. ¡Descanse un poco!

Consejo 3:
Claro que el ejercicio es muy importante para su problema. Pero si caminar y andar en bicicleta no la ayudan, pues vaya a nadar al menos tres veces por semana. ¡Es más efectivo!

Consejo 4:
Si los jarabes no lo ayudan, prepare una mezcla de miel con limón y tome una cucharadita de vez en cuando. Tome esta mezcla durante varios días, seguro que va a sentirse mejor.

15a ▶ 49
1. Carlos me llama por videollamada todos los domingos. Si quieres, llámame tú también.
2. Mi marido siempre hace la cena, pero hoy estoy haciéndola yo. Él está de viaje.

TRANSCRIPCIONES

3.
- ● ¿Te has bañado alguna vez en aguas termales?
- ▲ Claro que sí. Son muy relajantes. Te lo aconsejo, ¡báñate!

4.
- ● Enrique, ¿dónde estás? ¿Has cortado ya las verduras para la comida?
- ▲ ¡En la cocina!... ¡Estoy cortándolas!

5.
- ● ¿Te pruebas los pantalones o buscamos otro modelo?
- ▲ Sí, voy a probármelos ahora.

15b ▶ 50

1.
- ● David, ¿tienes el periódico?
- ▲ Sí, estoy leyéndolo.

2.
- ● Doctora, estoy muy estresado y nervioso.
- ▲ ¡Pues, relájese!

3.
- ● Estas gafas de sol son bonitas, ¿no?
- ▲ Sí, ¿vas a probártelas?

4.
- ● ¿Compramos un cava para esta noche?
- ▲ Sí, pero cómpralo tú.

UNIDAD 9
TE INVITO

5a ▶ 51
- ● ¿Félix?
- ▲ Sí, ¿Nora?
- ● Oye, ya estoy en casa de tus padres y estamos esperándote para comer. ¿Dónde estás?
- ▲ Todavía estoy en casa.
- ● ¡Ah, qué bien! Mira, por favor, trae la ensaladera de tu madre, la que nos dio la semana pasada con el postre. Está en la cocina. ¡Tu madre la necesita!
- ▲ Déjame ver..., a ver... Sí, aquí está. Bueno, llevo la ensaladera. ¿Algo más?
- ● ¿Vienes en coche?
- ▲ Sí, voy en coche. No quiero que esperéis más. ¿Por qué?
- ● Es que tu madre quiere una planta que tenemos en el jardín, es una palmera. Es que se la prometí la semana pasada. Y como es muy grande y pesada, yo no la he traído. Y además, he venido a pie.
- ▲ Está bien. No hay problema. Llevo la planta también... Oye, a propósito, ¿dónde está el libro de espionaje que terminé de leer la semana pasada? Se lo quiero prestar a mi padre, pero no lo encuentro.
- ● ¡Ay, perdona! Antes tu padre me ha llamado y me lo ha pedido, por eso, se lo he traído yo. El libro ya está aquí.
- ▲ Vaya, lo he buscado por todas partes. Pero bueno, lo importante es que lo has llevado... Oye, otra cosa, recuérdame que tengo que traer a casa el asador de carne de papá para la fiesta del sábado.
- ● Sí, claro, yo te lo recuerdo. Hoy seguro llevamos el asador a casa.
- ▲ Entonces, hasta ahora mismo. Voy a preparar todo y...

9a ▶ 52
- ● ¡Hija, ayúdame a colocar vuestras cosas en las habitaciones! Mira, vamos a sacarlas de la maleta. A ver..., aquí hay unas medias cortas y unas medias largas... Maya, ¿de quién son?
- ▲ Las mías son las medias cortas. Las largas son de Aurelia.
- ● Muy bien, entonces las ponemos con tus cosas en tu habitación. ¿Esta blusa naranja también es tuya?
- ▲ No, la blusa naranja no es mía. Es suya, de Aurelia. La blusa amarilla es la mía, abuela.
- ● De acuerdo. Entonces la blusa naranja es de Aurelia y la amarilla de Maya. Bueno, ¿qué tenemos por aquí? ¡Vaqueros! ¡Son iguales!
- ▲ No, no son iguales, abuela. Mira, los de Aurelia tienen agujeros en las rodillas. Los míos no tienen agujeros.
- ● A ver, a ver. Sí, es verdad. Entonces los vaqueros con agujeros son de Aurelia, los de Maya son sin agujeros, ¿verdad?
- ▲ ¡Muy bien, abuela!
- ● ¿Y este vestido de flores tan bonito?
- ▲ Es de Aurelia, es su favorito. El mío es el rosa que está allí.
- ● Y estas zapatillas ¿son tuyas? ¡Pero si se ven enormes!
- ▲ No, abuela, no son mías. Yo he traído sandalias. Son suyas. ¡Aurelia tiene los pies muy grandes!

14 ▶ 53
1. ¡Pero qué día tan bonito!
2. ¿Qué has preparado para cenar?
3. El rioja es un vino que se produce en España.
4. Me preguntó qué restaurante prefiero.
5. ¿Cuándo vuelves a Madrid?
6. Cuando hay muchos carriles, ir en bicicleta es práctico.
7. Ramón sabe dónde están las llaves.
8. La fábrica donde se produce el queso está muy cerca de aquí.
9. ¿Dónde está la pizzería?
10. ¿Cómo te ha ido en la universidad?
11. Hemos visitado ciudades maravillosas, como Antigua.

TRANSCRIPCIONES

UNIDAD 10
UNA CIUDAD IDEAL

2a ▶ 54

1.
La ciudad de Cuenca, en Ecuador, con una población de aproximadamente 381 823 habitantes, es famosa por su riqueza cultural y su arquitectura.

2.
Uno de los puertos más importantes en el siglo XVII era el de Valdivia, una majestuosa ciudad en la costa del Pacífico, en Chile, que actualmente cuenta con unos 154 445 habitantes.

3.
Nuestra Señora Santa María de la Asunción es el nombre completo de la capital de Paraguay, en la que viven alrededor de 525 294 personas.

4.
En la exuberante selva de Venezuela, en la región de los pantanos, se encuentra Tucupita, una ciudad de unos 86 487 habitantes.

5.
Tacuarembó es una ciudad en Uruguay con aproximadamente 54 757 habitantes. Es famosa por la bellísima naturaleza que la rodea y la fiesta de la Patria Gaucha, que se celebra en marzo.

2b ▶ 55
1. 208 000 estudiantes
2. 5798 escuelas
3. 420 000 empresas
4. 92 803 restaurantes

5b ▶ 56
1.
● Mira, la plaza Mayor.
▲ ¿Cuál? ¿Esa?
● No, hombre. Esa es la plaza de la Concepción. Esta es la plaza Mayor.
▲ ¡Ah!, ya la veo. Es esta de aquí, ¿verdad?
● ¡Claro!, esta. Más cerca, imposible.

2.
● Y mira…, mira ese arco. ¿No es bonito? Es el arco de la Estrella.
▲ Sí, es muy bonito.
● Pero, estás mirando hacia el otro lado. Aquel es el arco de Santa Ana.
▲ A ver. Entonces, ¿el arco de la Estrella es ese de ahí?
● Exactamente.

3.
▲ Creo que ya estoy mejor orientado. Vamos a hacer una prueba. ¿Aquel edificio es nuestro hotel?
● Está claro que no te sabes orientar. Aquel edificio de allí es el Museo de Cáceres. Nuestro hotel está completamente al otro lado. Es aquel edificio de allí.

7a ▶ 57
● ¡Uf, Mario! Entonces, ¿qué barrio elegimos, San Gabriel o el barrio Foresta? Ya sé que es complicado, pero tenemos que tomar una decisión pronto. La verdad es que los dos son muy bonitos. Pero cada uno de los barrios tiene ventajas y desventajas. Por ejemplo, la localización. Desde el centro de la ciudad, San Gabriel está más cerca que Foresta.
▲ ¡Sí, tienes razón!
● Y mira, San Gabriel tiene una gran oferta cultural: tiene dos teatros, dos cines y tres galerías de arte. Y actualmente tienen una exposición de artesanía muy bonita.
▲ Mmm… A ver… y Foresta tiene también tres galerías de arte y dos cines, pero solo un teatro. Es suficiente, ¿no?
● Pero… San Gabriel es más céntrico y por eso tiene más oferta de ocio. Tiene una milla de bares, centros nocturnos y quince restaurantes… genial. ¡Con lo que me gusta salir!
▲ Si, ya sé. Pero lo mío es el deporte. Foresta tiene un club deportivo maravilloso. Con pistas de tenis, de voleibol, piscina, un club… ¡un sueño!
● ¡Está bien, está bien! Sí, lo sé, San Gabriel no tiene instalaciones deportivas.
▲ Además, ¡mira el mapa! En Foresta se ven muchas zonas verdes. Tiene dos parques grandes.
● Mmm, pues sí, es verdad. En cambio en San Gabriel, parques… pues… se ve solo uno en el mapa.
▲ ¿Lo ves? Pero bueno, ahora dime, ¿cuántas personas viven en Foresta?
● A ver, por aquí tenía el dato. ¡Ah! Mira. En Foresta viven 17 000 personas y en San Gabriel, déjame ver… también unas 17 000.
▲ ¡Qué curioso!
● ¡Pero está claro! San Gabriel es el barrio más atractivo.

15a ▶ 58
1. Por favor, hable más alto, que no la oigo.
2. El verano pasado ejercité mis piernas gracias a la bicicleta.
3. ¡Visite Chetumal! Es un paraíso que le va a encantar.
4. ¡Estoy feliz! ¡Compré el bolso que quería con un buen descuento!

noventa y cinco 95

TRANSCRIPCIONES

5. Cuando tenía 18 años, viajé por toda Europa con mis amigos.
6. Sí, ahora le informo de los horarios.
7. El año pasado, Josué intentó llegar a la cima del Everest.
8. No se preocupe. Yo lo ayudo.
9. El señor García no trabajó el viernes pasado porque estaba enfermo.
10. Mi madre se relajó mucho durante las vacaciones.

UNIDAD 11
NOSOTROS Y EL TRABAJO

3a ▶ 59

- Mira, Eduardo, un artículo sobre el número de arquitectos en España. Tu hija Alma quiere estudiar Arquitectura, ¿no?
- ▲ Sí, quiere empezar Arquitectura el próximo año. Yo creo que es una buena carrera para Alma. A ella le gustan las profesiones creativas.
- Claro, pero el problema es que hay más arquitectos que puestos de trabajo. Aquí lo dice, el mercado de trabajo para los arquitectos está muy mal.
- ▲ A ver, déjame leer... Mmm... son los datos de una encuesta en línea hecha recientemente a 1000 arquitectos entre los 25 y los 40 años de edad. El 49 % de los encuestados son mujeres.
- Y mira, este dato es muy interesante. En algunas universidades las plazas para estudiar Arquitectura están cubiertas en un 100 %. La mitad de los estudiantes son mujeres, y el 95 % de ellas termina la carrera con éxito. ¡Increíble!
- ▲ Sí, y en el artículo se dice también que el 40 % de los arquitectos está sin trabajo y solo el 20 % trabaja como arquitectos. ¡Uf! ¡Es alarmante!
- Ajá. ¡Y mira este dato! El 85 % de los arquitectos que ganan menos de 15 000 € al año son mujeres. Es muy poco para un profesional, ¿no?
- ▲ Sí, realmente es muy poco.
- ¿Lo ves? Las mujeres siempre ganan menos.
- ▲ El problema es que, al tener un mal sueldo o no encontrar trabajo, buscan trabajo en otros países y emigran. Fíjate, y aquí se dice que emigran más mujeres que hombres.
- ¿Emigran? ¿A dónde?
- ▲ Por lo general, fuera de Europa. En casi todos los casos, el país preferido para ir a trabajar es Chile. Y en cambio, solo un 2 % emigra a países africanos.
- ¿Y hay alguna razón?
- ▲ El artículo dice que se debe sobre todo a la lengua por un lado, y a las condiciones económicas, por el otro.
- Creo que tu hija tiene que leer este artículo.
- ▲ Mmm.

7a ▶ 60

- Buenas tardes, señor Menéndez. ¡Pase, pase, por favor! Pero, tome asiento, señor Menéndez.
- ▲ Buenas tardes, señora...
- Ah, sí, disculpe. Yo soy Blanca Arroyo, la jefa de personal.
- ▲ Mucho gusto.
- Igualmente. Bueno, vamos a empezar con la entrevista. ¿Está nervioso?
- ▲ Pues... sí, un poco.
- Tranquilo, no pasa nada. Primero quisiera revisar algunos de los datos de su currículum. Mmm... Usted nació en Lima el 24 de diciembre...
- ▲ De 1990. Tengo 27 años.
- Ajá... bueno. Vamos a ver... Estudió administración de empresas hasta el año...
- ▲ Hasta el año 2012. Luego en el 2013 empecé Maestría en Técnica de Mercado. ¡Fue una gran experiencia!
- Ejem, bueno, continuemos... Veo que ha tenido distintos trabajos...
- ▲ Sí, primero empecé en una oficina contable, después entré a trabajar en el Banco Fundación, donde trabajo en la actualidad...
- Aquí veo que tiene conocimientos de inglés...
- ▲ Sí, tengo un nivel C1 en inglés y B2 en italiano... He vivido un año en Roma. *Una bellissima città!*
- Bueno, bueno, bueno, bueno... Dígame, ¿tiene conocimientos de informática?
- ▲ La verdad, solo a nivel de usuario. Pero posiblemente es suficiente para el puesto de trabajo...
- Sí, es posible. Bueno, señor Menéndez, muchas gracias por venir a la entrevista. Nos comunicaremos con usted...

14a ▶ 61

1. ¿Cuándo termina el plazo de solicitud de empleo?
2. ¿Las entrevistas son solo por las mañanas?
3. Señor Pérez, ¿podría pasar a mi oficina, por favor?
4. ¿Quién es el encargado de la oficina de personal?
5. ¿Me ayudas a escribir mi currículum?
6. ¿Cómo te fue en la entrevista de trabajo?

UNIDAD 12
¡ESTAMOS AL DÍA!

2a ▶ 62–65

1.
- ¿Has visto mi *(pip)*?
- ▲ No, pero te dejo la mía. Mira, tómala.
- Gracias, pero es que no me sirve. Es que quiero mandarle unas fotos a mi madre. Las hice con mi *(pip)* y las tengo todas guardadas en ella.

TRANSCRIPCIONES

2.
- ¡Cómo me gusta esa canción! Ponla otra vez.
- ▲ ¡Uf! Ya la hemos escuchado mil veces. Mira, mejor te la mando a tu *(pip)*.
- ¡Estupendo! Porque tengo un *(pip)* nuevo y aún no tengo mucha música guardada en él.

3.
- No lo vas a creer, pero mi marido ha comprado una *(pip)* nueva.
- ▲ ¿Y eso? Pero si la otra que teníais estaba prácticamente nueva.
- Sí, pero ya conoces a mi marido. Dice que los avances de la tecnología son importantes y que esta *(pip)* nueva tiene muchas funciones que la otra no tenía. Además de poder ver sus programas favoritos, puede instalar aplicaciones, descargar juegos, tener acceso a las redes sociales...

4.
- ¿Te vas a llevar el *(pip)* a la escuela? Ya sabes que no me gusta...
- ▲ Sí, mamá. Pero lo necesito. Eso dijo ayer el profesor.
- ¡Uf! ¿Y el profesor te va a comprar uno si le pasa algo?
- ▲ ¡Eres muy fatalista, mamá! Es que en clase vamos a hacer un trabajo en grupos y tenemos que buscar información en internet. Es mejor si tenemos varios *(pip)*.

13b ▶ 66
1. En el mercado venden fruta, verdura, carne y pescado.
2. No me gusta ver la televisión.
3. Jacinto, que es el esposo de mi amiga, es un excelente cantante.
4. Ayer no pudimos visitar a la abuela, pero llamamos por teléfono

SOLUCIONES

1 NUEVA ETAPA

1.
1. divertidos; 2. aprender; 3. bailan; 4. escuchan; 5. chilenos; 6. escriben; 7. se acuestan; 8. latinos; 9. españolas

2a.
1. se acuesta; 2. hablas; 3. sigo; 4. juegan; 5. pide; 6. creemos; 7. tiene; 8. subís; 9. encuentro; 10. te ríes

2b.
1. identificarse; 2. elegir; 3. poder; 4. saber; 5. conocer; 6. salir; 7. volver; 8. estar; 9. sentirse; 10. soñar

3.
1. A usted le aburren los ejercicios de gramática.
2. A mí me encanta estudiar español.
3. A vosotros os interesa la información cultural.
4. A Regina le cuesta la gramática.
5. A ti te aburre leer varias veces el mismo texto.
6. A nosotros nos gusta hablar con hispanohablantes.

4.
Posible solución:
Se llama Rebecca Fischer. Vive en Hamburgo y es empleada en un banco. Tiene 37 años. Está casada y tiene tres hijos. Estudia español desde enero de 2017. Aprende español para viajar a Chile. A Rebecca le encanta jugar en clase y hablar. También le gustan las audiciones. Le interesan las noticias de actualidad y la cultura. A Rebecca le cuesta la pronunciación y le aburren los ejercicios de gramática. No le gusta hacer los deberes y tampoco leer textos largos y escribir.

5.
1. desde; 2. desde hace; 3. desde hace; 4. desde; 5. desde hace; 6. desde

6.
Respuesta libre

7a.
Posible solución:
1. Lo mejor es leer libros de lectura graduada.
2. Es muy útil escuchar la radio y cantar canciones.
3. Puedes hacer un intercambio.
4. Tienes que escribir a amigos hispanohablantes.

7b.
Diálogo 1: Puedes escribir frases con las palabras nuevas de cada clase.
Diálogo 2: Es muy útil escuchar la radio y cantar canciones.
Diálogo 3: Tienes que participar en las tertulias con nativos de lengua inglesa.
Diálogo 4: Lo mejor es leer libros de lectura graduada y escribir a amigos hispanohablantes.

7c.
Respuesta libre

8.
1f; 2a; 3c; 4g; 5h; 6e; 7d; 8b

9.
Respuesta libre
Los marcadores temporales con los que no se utiliza el pretérito perfecto son: *ayer, el año pasado, en 2016*

10a.
1. Emilio ha salido a cenar con amigos.
2. Ha trabajado en un proyecto interesante.
3. Ha puesto sus cosas en la maleta.
4. Ha invitado a una chica al cine.
5. Ha paseado en el bosque.
6. Ha vuelto de un viaje largo.
7. Ha conocido a sus nuevos compañeros de trabajo.

10b.
Respuesta libre

11.
Posible solución:
APRENDER: palabras nuevas, un idioma, vocabulario, canciones; ASISTIR: a clase; HACER: los deberes, un intercambio, un curso en línea; ESCUCHAR: las audiciones, canciones, en clase

12.
1. mensajes; 2. películas en versión original; 3. la guitarra, música; 4. música, un curso de cocina; 5. de vacaciones, con los amigos; 6. música; 7. tarde; 8. en un coro; 9. con los amigos

13.
1. compañero/-a de clase; 2. profesor(a); 3. alumno/-a; 4. amigo/-a; 5. colega; 6. vecino/-a

14.
1. per-so-na; 2. tar-je-ta; 3. for-ma; 4. a-mi-gos; 5. pe-lí-cu-las; 6. ac-ti-va; 7. al-gu-nos; 8. es-pa-ñol; 9. tra-du-cir; 10. li-bro

Test 1. b; 2. c; 3. a; 4. b; 5. a; 6. a; 7. c; 8. a; 9. b; 10. a; 11. a; 12. b; 13. a; 14. b; 15. b; 16. a; 17. a; 18. a; 19. c; 20. b

SOLUCIONES

2 PARA TI Y PARA MÍ

1.
1c; 2e; 3a; 4d; 5b

2.
1. Le; 2. les; 3. te, me; 4. le; 5. nos; 6. os, nos

3.

	¿Quién?	¿Qué?	¿A quién?
1.	tú	la maleta	le / a Víctor
2.	los abuelos	dinero para viajar	nos (a nosotros)
3.	tú	libro de viajes	me (a mí)
4.	Sofía	las fotos	os (a vosotros)
5.	yo	un helado	les (a ellos)
6.	nosotros	el libro que quieres	te (a ti)

4.
1. A nosotros puedes comprarnos unas tazas.
2. A los vecinos podéis comprarles una botella de vino.
3. A la profesora podemos comprarle unas flores.
4. A Carmen y a ti puedo compraros unas entradas para la ópera.
5. A mí pueden comprarme el perfume que tanto me gusta.

5a.
1c; 2a; 3d; 4b; 5e

5b.
Diálogo 5: bolsas de plástico + Las usa de nuevo para comprar en el súper.
Diálogo 4: ordenador + Lo va a reciclar.
Diálogo 3: libros + Los regala.
Diálogo 2: latas + Las lleva al contenedor de metales.
Diálogo 1: mesa + La va a vender por internet.

6.
1. nos las; 2. os los; 3. Me la; 4. te lo; 5. Nos los

7.
1. Raúl le da el osito a Mariela.
2. La mujer le enseña una foto al policía.
3. Magdalena le deja su bicicleta a Rodrigo.
4. La abuela le regala el libro a su nieto.
5. El profesor les da sus cuadernos a los alumnos.

8.
1 a. Ellos les alquilan el piso a sus amigos.
  b. Ellos se lo alquilan a sus amigos.
2 a. Tú le regalas las flores a tu novia.
  b. Tú se las regalas a tu novia.
3 a. Nosotros te damos los juguetes a ti.
  b. Nosotros te los damos a ti.
4 a. Laura nos deja la bicicleta a nosotros.
  b. Laura nos la deja a nosotros.
5 a. Juan y tú le enseñáis la ciudad a la nueva estudiante.
  b. Juan y tú se la enseñáis a la nueva estudiante.
6 a. Yo le vendo el coche a usted.
  b. Yo se lo vendo a usted.

9.
1. Tú nos los vas a regalar. / Tú vas a regalárnoslos.
2. Ellos os la van a enseñar. / Ellos van a enseñárosla.
3. Mamá no me lo puede leer. / Mamá no puede leérmelo.
4. Yo se lo puedo mandar. / Yo puedo mandárselo.
5. Nosotros te lo podemos dejar durante las vacaciones. / Nosotros podemos dejártelo durante las vacaciones.

10a.
1. alquilando; 2. dar; 3. nadando; 4. hacer; 5. ver; 6. pedir; 7. yendo

10b.
1. El papá está leyendo.
2. Los niños están jugando.
3. Emma y Julián están estudiando.
4. Marianita está durmiendo.
5. Marta se está duchando. / Marta está duchándose.
6. Alejandro se está levantando. / Alejandro está levantándose.

11.
Posible solución:
1. Están hablando; 2. Está leyendo; 3. Están comiendo; 4. Está pagando; 5. Está probándose; 6. Están haciéndose un *selfie*; 7. Está cortando el pelo a un cliente; 8. Está jugando con la tableta.

12.
1. ninguno; 2. alguno; 3. ninguna; 4. alguna; 5. algunos; 6. ninguno; 7. algún; 8. ningún; 9. nadie; 10. nada; 11. alguien; 12. algo

13.
Respuesta libre

14.
Posible solución:
Panadería: pan y galletas; **Zapatería:** zapatos y botas; **Papelería:** un bolígrafo, un cuaderno; **Tienda de ropa:** un vestido y un pantalón; **Tienda de deportes:** mochila y zapatillas deportivas; **Tienda de productos informáticos:** un ordenador y una pantalla; **Tienda de regalos:** un juguete y un bolso.

15.
1c; 2d; 3b; 4g; 5a; 6h; 7e; 8f

SOLUCIONES

16.
1. **b**eso; 2. ro**p**a;
3. **b**ollo; 4. ca**p**a;
5. **v**eces; 6. **p**ista;
7. **p**ero; 8. ca**rr**o

Test 1. b; 2. a; 3. c; 4. a; 5. b; 6. b; 7. c; 8. b; 9. a; 10. c; 11. b; 12. a; 13. a; 14. b; 15. a; 16. c; 17. b; 18. b; 19. c; 20. a

3 UN AÑO ESPECIAL

1a.
NORMALMENTE: 2. *ella pide*; 3. ustedes conocen; 5. vosotros dais; 7. tú decides; 11. nosotros vamos; 13. él sigue
AYER: 1. *tú ganaste*; 4. yo viajé; 6. yo empecé; 8. ellos oyeron; 9. yo vi; 10. él participó; 12. nosotros fuimos; 14. ella se trasladó; 15. usted durmió

1b.
Respuesta libre

2.
1. buscó; 2. fue; 3. ganó; 4. empezó; 5. construyó; 6. visitaron

3.
1. empe**c**é, empe**z**ó; 2. le**y**eron; 3. d**u**rmió, d**o**rmí; 4. bus**qu**é, bus**c**amos; 5. O**í**steis, o**y**eron, le**í**; 6. conse**gu**í, cons**i**guieron

4.
1. tiene – *tuvo* (él/ella/usted)
2. estamos – estuvimos (nosotros/-as)
3. quiero – quise (yo)
4. vienen – vinieron (ellos/-as, ustedes)
5. puedes – pudiste (tú)
6. hacéis – hicisteis (vosotros/-as)
7. digo – dije (yo)
8. pones – pusiste (tú)

5a.

Verbos regulares
●●**●** última sílaba acentuada
celebré, conoció, ganó, nació
pedí, decidió, participó
Verbos irregulares
●**●**● penúltima sílaba acentuada
dije, hizo, tuve, estuve
pude, puso, vino

6a.
(1) llegar en avión; (2) quedarse en un hotel a las afueras; (3) acostarse temprano; (4) dormir profundamente; (5) empezar la visita por la ciudad; (6) recorrer la playa de la Concha; (7) visitar la catedral del Buen Pastor; (8) subir al monte Urgull; (9) ir a la parte vieja de la ciudad; (10) tomar unos pinchos; (11) beber un café; (12) conseguir entradas

6b.
Posible solución:
El fin de semana pasado Amalia estuvo en San Sebastián. Llegó en avión y se quedó en un hotel a las afueras. Se acostó temprano y durmió profundamente. A la mañana siguiente empezó la visita por la ciudad: recorrió la playa de la Concha, visitó la catedral del Buen Pastor y subió al monte Urgull. Después fue a la parte vieja de la ciudad y tomó unos pinchos. Por la tarde, bebió un café y consiguió entradas para un concierto.

7a.
Indefinido: la semana pasada, el año pasado, en 2014, el mes pasado, hace mucho, ayer, hace dos años
Pretérito perfecto: hoy, ya, este año, últimamente, este mes, alguna vez, esta semana, todavía no

7b.
1b; 2a; 3b; 4a; 5b; 6a; 7a; 8b

8.
1. ir; 2. ser; 3. ir; 4. ir; 5. ser; 6. ser; 7. ser; 8. ser

9.
La semana pasada <u>tuvimos</u> la reunión para celebrar los diez años de nuestra graduación de bachillerato. <u>Tuvo</u> lugar en una finca abandonada que ahora se usa para eventos de este tipo. Yo ya <u>he estado</u> en tres fiestas allí y me encanta. Durante la reunión <u>pude</u> ver a los compañeros de mi generación. Últimamente no nos <u>hemos visto</u> con mucha frecuencia. Marisa <u>se casó</u> el año pasado y <u>se fue</u> a vivir a Canadá. Hace un año Andrea <u>participó</u> en tres proyectos importantes de la NASA y <u>se marchó</u> a Washington. Gilberto es el artista del grupo y se dedica a la escultura. Ya <u>ha expuesto</u> sus trabajos en el extranjero y este mes <u>ha ganado</u> un premio muy importante. Bueno, ¿y yo? Pues hace dos años <u>regresé</u> de Italia, donde <u>estudié</u> Arquitectura y ahora tengo mi propia empresa en Madrid.

10.
Posible solución:
1. ¡Fue horrible!; 2. ¡Ha sido muy desagradable!; 3. ¡Fue fantástico!; 4. ¡Ha sido muy bonito!; 5. ¡Fue muy divertido!

SOLUCIONES

11a.
Posible solución:
1. participar en manifestaciones; 2. ir a un megaconcierto; 3. trasladarse a Miami; 4. ver un evento por televisión; 5. salir a la calle; 6. entrar en la guardería; 7. pasar por lugares increíbles

11b.
Respuesta libre

12.
Posible solución:
1. deportivo; 2. de estudios; 3. de natación; 4. del cumpleaños; 5. de oro; 6. espacial; 7. de una novela; 8. al aire libre; 9. popular.

13.
1. el viaje; 2. celebrar; 3. el sueño; 4. volar; 5. el contrato; 6. cambiar; 7. la manifestación; 8. publicar.

14.
Posible solución:
1. Desierto de Atacama; 2. Cordillera de los Andes; 3. Lago Titicaca; 4. Tulum, ruinas mayas; 5. Isla de Pascua; 6. Continente europeo (Europa).

15a.
1. ma – es – tra , lí – ne – a
2. via – je, vues – tro
3. rí – o, dí – a

15b.
1. guí – a; 2. fa – mi – lia;
3. nues – tro; 4. far – ma – cia;
5. re – al; 6. es – tu – dian – tes;
7. cre – o; 8. en – ví – o;
9. len – gua; 10. com – pa – ñí – a

15c.
Regla 1: real, creo
Regla 2: familia, nuestro, farmacia, estudiantes, lengua
Regla 3: guía, envío, compañía

Test 1. a; 2. a; 3. b; 4. a; 5. b; 6. b; 7. a; 8. b; 9. b; 10. b; 11. b; 12. a; 13. b; 14. b; 15. b; 16. c; 17. b; 18. a; 19. b; 20. c

4 CON TUS MANOS

1.
Respuesta libre

2a.
1 ensaladera redonda de madera; 4 marco para fotos ovalado de cartón; 5 figura de metal

2b.
1. original; 2. ovalados; 3. preciosos; 4. metal; 5. decorativas; 6. útiles; 7. redonda; 8. madera; 9. bonita

3.
1. el abrelatas eléctrico; 2. el mando a distancia; 3. el frigorífico; 4. la linterna

4a.
1 la secadora de ropa; 2 la tableta; 3 el secador de pelo; 4 la impresora

4b.
1. que, de, de, de, de, para, donde. *El paraguas*
2. que, para, para, de, de, de. *La mesa*
3. de, de, de, de, donde. *El bolso*

5.
Posible solución:
1. La cocina está rota; 2. La puerta está abierta; 3. El piso está amueblado; 4. La cama no está hecha; 5. La televisión está encendida; 6. Las paredes no están pintadas; 7. El cuadro está mal colgado; 8. La ropa está tirada en el suelo.

6.
Estamos encantados; están abiertas; está rota; está pasada; están tomadas; están hechos; están inspirados; están expuestas

7a.
3 al lado (de)
4 en la pared
2 dentro (de)
7 encima (de)
6 en el piso de arriba / abajo
5 en un rincón (de)
1 fuera (de)

7b.
Respuesta libre

8.
Posible solución:
1. La televisión está dentro de la habitación. 2. La foto está colgada en la pared. 3. La silla está al lado de la cama. 4. La lámpara está encima de la cómoda. 5. La ropa está dentro de la cómoda. 6. La puerta está al lado de la cocina

9.
Respuesta libre

10.
Posible solución:
1. cambiar: las ruedas del coche / las pilas de la linterna; 2. arreglar: la lavadora; 3. cultivar: verduras en casa; 4. hacer: manualidades / punto / tartas; 5. cortar: el pelo / el césped; 6. colgar: un cuadro / una lámpara; 7. montar: muebles; 8. pintar: la pared; 9. tostar: el pan; 10. secar: la ropa / el pelo; 11. decorar: la casa

SOLUCIONES

11.
Posible solución:
1. un jarrón; 2. un vestido; 3. una caja; 4. un vaso; 5. una llave; 6. un plato; 7. una puerta; 8. un libro; 9. una botella; 10. un bolso

12.
1. forma circular; 2. forma ovalada; 3. forma rectangular, 4. forma cuadrada.

13b.
1. ¿Quién cree que es muy hábil?
2. ¿Qué no hace nunca?
3. Son los objetos que ellas mismas han hecho.
4. ¿No es preciosa?
5. El resultado es fantástico.
6. Se usa para cortar el césped.
7. ¿Cómo están decoradas las paredes?
8. ¿Tiene objetos o muebles restaurados?

Test: 1. b; 2. c; 3. b; 4. b; 5. b; 6. a; 7. c; 8. b; 9. c; 10. a; 11. a; 12. b; 13. b; 14. b; 15. a; 16. b; 17. c; 18. b; 19. b; 20. b

5 ¿CÓMO ERA ANTES?

1a.
lavaba, iban, leía, escribíamos, llamaba

1b.
Posible solución:
1. [...] iban de vacaciones en tren.
2. [...] llamaba con un teléfono fijo.
3. [...] lavaba los platos a mano.
4. [...] escribíamos con máquinas de escribir.
5. [...] leía el periódico en papel.

2.
Posible solución:
La gente escuchaba las noticias en la radio, no había televisión.
Mi familia tenía una televisión en blanco y negro.
Mis hermanos y yo íbamos a pie a la escuela.
Las mujeres lavaban la ropa a mano.
A mi madre le encantaban las canciones de Bob Dylan.
Mis abuelos escribían las cartas a mano.
Mis hermanos y yo veíamos la serie "Bonanza" juntos.
Mis abuelos iban de vacaciones en coche o en tren.

3a.
Posible solución:
En los años 80 los móviles eran grandes y de plástico. Tenían teclas grandes y una antena. Su pantalla era pequeña.
En los años 90 los móviles eran pequeños y compactos. Eran de plástico. Tenían teclas pequeñas y no tenían antena. Su pantalla era más grande.

3b.
Respuesta libre

4a.
una televisión

4b.
1. falso; 2. falso;
3. falso; 4. verdadero;
5. falso; 6. verdadero;
7. verdadero

5.
1. era; 2. vivía; 3. estudiaba; 4. iba; 5. paseábamos; 6. tomábamos; 7. comía; 8. tenía; 9. vivía; 10. venía; 11. salíamos; 12. nos quedábamos; 13. pasábamos

6a.
de niño/-a; hace años; antes; a los 15 años; en los (años) 90; cuando era joven

6b.
Respuesta libre

7.
Respuesta libre

8a.
1. escribir – escribían; 2. va – iban;
3. lavar – lava; 4. ver – veían;
5. viajar – viaja; 6. lleva – llevaban;
7. es – eran; 8. aprender – aprende;
9. salir – salían; 10. vive – vivían

8b.
Posible solución:
Antes la vida era muy diferente. Ahora escribo cartas en el ordenador, en cambio mis abuelos escribían cartas a mano. Voy al supermercado en coche, en cambio mis abuelos iban al mercado a pie. Yo lavo la ropa en la lavadora, pero mis abuelos lavaban la ropa a mano. Ahora veo películas en internet, en cambio antes veían películas en el cine.
De vacaciones viajo con amigos, en cambio mis abuelos viajaban solo con sus padres. Llevo vaqueros y soy independiente, en cambio antes mis abuelos no llevaban vaqueros y no eran independientes. Aprendo idiomas, pero antes mis abuelos no aprendían idiomas. Los fines de semana salgo a pasear con amigos, en cambio mis abuelos paseaban con la familia. Yo vivo sola, mis abuelos vivían con sus padres.

9.
1. había; 2. era; 3. veía; 4. iba; 5. era; 6. había

10a.
Saltillo: comer con prisas, hacer ejercicio en el gimnasio, nadar en la piscina, ir al trabajo en autobús, ir sola al teatro frecuentemente, ver a sus amigos una o dos veces al mes

SOLUCIONES

Playa del Carmen: ir al trabajo en bici, hacer ejercicio en la playa, bucear frecuentemente, comer con calma, encontrarse con amigos dos veces por semana, nadar en el mar

10b.
Posible solución:
Antes en Saltillo, *Pilar iba al trabajo en autobús*. A mediodía comía con prisas y después del trabajo hacía ejercicio en el gimnasio o nadaba en la piscina. Iba sola al teatro frecuentemente y veía a sus amigos una o dos veces al mes.
Ahora en Playa del Carmen, *Pilar va al trabajo en bici*. Por la mañana hace ejercicio en la playa. A mediodía come con calma. Bucea con frecuencia y se encuentra con amigos dos veces a la semana.

11.
1. bolígrafo – papel – ~~lavavajillas~~ – máquina de escribir
2. antes – a los cinco años – hace años – ~~hoy~~
3. alfombrilla – ratón – ~~lavadero~~ – tecla
4. salía – ~~ciencia~~ – ponía – tenía
5. cámara – ordenador – móvil – silla
6. lavadora – televisión – ~~fregona~~ – navegador
7. grande – ~~botón~~ – pesado – incómodo
8. lavaba – ~~salí~~ – pensaba – hablaba

12.
1. la birome; 2. la computadora; 3. el celular; 4. el carro, el auto

13.
Respuesta libre

14.
1. atraviesa; 2. comienza; 3. tren; 4. viajero; 5. puente; 6. construido; 7. mirar; 8. seco; 9. despacio; 10. ruta

15a.
Grupo 1: ai – re   ciu – dad   des – pués
Grupo 2: U – ru – guay   buey
   se – miau – to – má – ti - ca
Grupo 3: pa – ís   ca – ca – o   tí – o

Triptongo: Grupo 2
Hiato: Grupo 3
Diptongo: Grupo 1

15b.
1. Triptongo: estudiáis, guav, actuáis
2. Hiato: paella, toalla, teatro
3. Diptongo: estudiar, televisión, antiguo, euro

Test 1. a; 2. b; 3. c; 4. a; 5. b; 6. c; 7. b; 8. b; 9. a; 10. b; 11. c; 12. a; 13. b; 14. a; 15. b; 16. c; 17. b; 18. a; 19. b; 20. c

6 ¿Y QUÉ PASÓ?

1a.

Acciones y situaciones
llevaba, trabajaba, ganaba, era, tenía, salía, iba, vivía, no tenía, no era, trabajaba, tenía, hacía, tenía que, no tenía

Pasado concluido
encontré, ofrecieron, acepté, me trasladé, busqué, propusieron, decidí

1b.

> **MI GRAMÁTICA:**
> Para la descripción de acciones o situaciones sucedidas en el pasado se utiliza el *imperfecto*. Cuando se habla de acontecimientos del pasado que ya están concluidos se utiliza el *indefinido*.

2.
1. [...] tuve problemas de salud y decidí cambiar de hábitos.
2. [...] hice un curso de cocina para preparar comida sana.
3. [...] me inscribí en un gimnasio.
4. [...] empecé a cuidar mi dieta.
5. [...] compré una bicicleta.

3.
1a; 2b; 3a; 4b; 5b; 6a; 7a; 8b

4.
1. *Como no le gustaba el color, cambió la blusa en la tienda.*
2. Cambió de escuela porque sus padres se mudaron de casa.
3. Hizo un viaje a Sevilla porque no conocía esa ciudad.
4. Como ya era tarde, volvimos a casa después de la película.
5. Como llovía mucho, regresaron inmediatamente a casa de su paseo por el parque.
6. Le regaló un espléndido ramo de rosas a su novia porque le encantaban las flores.

5a.
Posible solución:
1. *Como no la oía, la llamó otra vez. / La llamó otra vez porque no la oía.*
2. Como quería esperar a las ofertas, no compró un bolso nuevo. / No compró un bolso nuevo porque quería esperar a las ofertas.

SOLUCIONES

3. Como tenía que estudiar para el examen, no fue al concierto. / No fue al concierto porque tenía que estudiar para el examen.
4. Como no encontraba las llaves, regresó a la oficina. / Regresó a la oficina porque no encontraba las llaves.
5. Como le interesaba mucho la cultura maya, viajó a México. / Viajó a México porque le interesaba mucho la cultura maya.

5b.
Respuesta libre

6a.
1e; 2a; 3c; 4d; 5b; 6f

Posible solución:

> Querida Liz:
> La semana pasada dejé mi trabajo. El viernes 23 de febrero estaba sola con mi jefe en la oficina. Hacía muy mal tiempo, llovía mucho. Y discutí con mi jefe. Me sentía estresada y desesperada.
> Así que salí corriendo de la oficina y decidí dejar el trabajo.

6b.
Posible solución:
1. Salió de la oficina y se fue en su coche a casa de su amiga Nuria.
2. En casa de Nuria estaba su hermano, Ramón.
3. Estaban muy contentos.
4. Le ofreció trabajo a Eva en su empresa.

6c.
Respuesta libre

7a.
1. llevé; 2. paseamos; 3. comimos; 4. fuimos; 5. había; 6. me di cuenta; 7. empecé; 8. intenté; 9. tenía; 10. estaba; 11. encontré; 12. estaba; 13. compré

7b.
1. **Para empezar:** El otro día
2. **Para enumerar las acciones cronológicamente:** Primero, luego (x2), más tarde, entonces, después
3. **Para indicar que algo sucede inesperadamente:** De repente
4. **Para indicar que la historia termina:** Al final

8.
Valoraciones positivas: divertido/-a; bonito/-a; romántico/-a; interesante; sorprendente; increíble; bueno/-a; genial; cómodo/-a; fantástico/-a
Valoraciones negativas: terrible; horrible; aburrido/-a; malo/-a

9.
1. ¿Sí?, ¿qué pasó?; 2. ¡Qué me dices!; 3. Ajá, ¿y qué más?; 4. ¡Qué horror!; 5. ¡Uf, menos mal!

10.
Para estructurar: al final, de repente, primero, luego
Para valorar: divertida, de miedo, increíble, sorprendente
Para reaccionar: ¡Uf, menos mal!; Ajá, ¿y qué más?; ¡Qué me dices!; ¡Qué horror!

11.
1. abrir un negocio, una maleta; 2. enviar un currículum; 3. tomar una decisión; 4. dejar a alguien, un trabajo; 5. tener éxito; 6. seguir a alguien, el ejemplo; 7. atender a un cliente; 8. reclamar a alguien, una maleta; 9. entrevistar a alguien, a un cliente; 10. perder un negocio, un trabajo, una maleta.

12.
1. la venta; 2. entrevistar; 3. la vida; 4. buscar; 5. el viaje; 6. reclamar; 7. el vuelo; 8. decidir

13a.
1. caso; 2. entrevisto; 3. cambió; 4. hablo; 5. dejó; 6. llevó; 7. enseño

13b.
1. el viaj<u>e</u>; 2. el anunci<u>o</u>; 3. el pas<u>o</u>; 4. <u>el</u> reclam<u>o</u>; 5. <u>el</u> tom<u>o</u>; 6. <u>el</u> saco; 7. <u>el trabajo</u>

Test: 1. b; 2. c; 3. b; 4. c; 5. c; 6. a; 7. b; 8. c; 9. b; 10. a; 11. a; 12. b, 13. b; 14. b; 15. b; 16. b; 17. b; 18. c; 19. b; 20. c

7 HOY COCINO YO

1.
1. ¡Clara, escribe las recetas!
2. ¡Aprende de los cocineros de la tele!
3. ¡Prueba nuevos platos exóticos!
4. ¡Elige ingredientes regionales!
5. ¡Piensa qué quieres preparar antes de comprar!
6. ¡Ve al mercado a comprar productos frescos!
7. ¡Ten mucha paciencia para cocinar!

2.
1. compre; 2. elija; 3. decora; 4. escuchen; 5. pon; 6. hagan

3.

	comprar	**comer**	**escribir**
tú	compra	come	escribe
vosotros/-as	comprad	comed	escribid
usted	compre	coma	escriba
ustedes	compren	coman	escriban

SOLUCIONES

	poner	tener	hacer
tú	pon	ten	haz
vosotros/-as	poned	tened	haced
usted	ponga	tenga	haga
ustedes	pongan	tengan	hagan

4.
1. hacer – Haced; 2. probar – Probad; 3. comprar – Comprad; 4. elegir – Elegid; 5. tener – Tened; 6. decorar – Decorad

5a.
(1) Lava y pela las verduras; (2) Corta las verduras con un cuchillo; (3) Dora la cebolla en una cacerola y añade las verduras; (4) Coloca la masa de hojaldre en un recipiente; (5) Bate cuatro huevos, la crema y el queso con una batidora; (6) Pon las verduras en el recipiente y la mezcla de queso y huevo encima; (7) Deja todo en el horno a 180 grados durante 35 minutos.

5b.
Posible solución:
Se lavan y se pelan las verduras. Se cortan con un cuchillo. Se dora la cebolla en una cacerola y se añaden las verduras. Se coloca la masa de hojaldre en un recipiente. Se baten cuatro huevos, la crema y el queso con una batidora. Se ponen las verduras en el recipiente y se pone la mezcla de queso y de huevo encima. Se deja todo en el horno a 180 grados durante 35 minutos.

6.
1b; 2d; 3a; 4c

7a.

	Rosa	Javi
1. decorar el salón		X
2. hacer la lista de la compra		X
3. elegir la música		X
4. cocinar	X	
5. comprar los ingredientes		X
6. poner las mesas en el salón		X

7b.
1. Decóralo; 2. Hazla; 3. Elígela; 4. Cómpralos; 5. Ponlas.

8.
1. ¡Pruébelo!; 2. ¡Escríbela!; 3. ¡Elegidlo!; 4. ¡Háganlas!; 5. ¡Córtalo!; 6. ¡Sírvalos!; 7. Añadidla; 8. Pélalas; 9. Abridla; 10. Prepárenlo.

9a.
1a; 2b; 3a; 4b; 5a; 6a.

9b.
Posible solución:
1. ¿Puedo abrir el vino?
2. ¡Prueba el pescado!
3. ¿Me pasas la ensalada?
4. ¿Qué quieres tomar?
5. ¿Puedo probar la ensalada?
6. ¿Quieres beber algo?

10.
1. Está muy rico; 2. Están muy saladas; 3. ¡Está muy caliente!; 4. Está sosa; 5. Está picante; 6. Está demasiado dulce; 7. ¡Está muy frío!

11.
Posible solución:
1. lavar: las verduras, la fruta, los tomates...
2. poner: la música, las flores o las velas (en la mesa)...
3. pelar: las papas, la fruta, la cebolla...
4. probar: la comida, el vino, las recetas...
5. batir: los huevos, la masa, la crema...
6. echar: la sal, los ingredientes, el azúcar...
7. cocinar: el arroz, el pescado, la sopa

12.
1c; 2d; 3a; 4f; 5i; 6g; 7e; 8b; 9h.

13
1. el cuchillo; 2. la cacerola; 3. la batidora; 4. el frigorífico; 5. el plato; 6. el recipiente; 7. la sartén; 8. el abridor

14a.
1. elegir + usted elija
2. buscar + ustedes busquen
3. cocer + usted cueza
4. utilizar + ustedes utilicen
5. conseguir + usted consiga
6. colocar + ustedes coloquen
7. escoger + usted escoja

14b.
Posible solución:
1. La letra *g* tiene un sonido suave cuando va con las vocales *a, o, u*, por ejemplo: gato, goma, guapo. Cuando ese mismo sonido va acompañado de las vocales *e* o *i*, se escribe con *gu*, por ejemplo: guerra, guitarra.
2. La letra *j* puede acompañar a todas las vocales, pero con las vocales *e* o *i*, ese mismo sonido puede escribirse con *j* o con *g*, por ejemplo: elige, elegir o jefe, jirafa.
3. El sonido /k/ se escribe con *c* cuando va acompañado de *a, o, u*, por ejemplo: colocar.

SOLUCIONES

El mismo sonido se escribe con *qu* cuando va acompañado de *e* o *i*, por ejemplo: *coloquen*.

4. El sonido /θ/ se escribe con *z* cuando va acompañado de las vocales *a, o, u*, por ejemplo: *zapato, zorro, cazuela*. El mismo sonido se escribe con *c* cuando va acompañado de *e* o *i*, por ejemplo: *cena, cielo*.

Test: 1. b; 2. b; 3. b; 4. c; 5. a; 6. b; 7. b; 8. b; 9. b; 10. a; 11. b; 12. b; 13. b; 14. c; 15. a; 16. b; 17. b; 18. b; 19. b; 20. b

8 ¡ME SIENTO BIEN!

1a.
1e; 2c; 3a; 4d; 5b

1b.
Posible solución:
Elsa se pone protector solar porque tiene la piel sensible. Va al fisioterapeuta una vez a la semana porque tiene problemas de espalda. Come de manera sana porque tiene sobrepeso. Hace ejercicio físico porque lleva una vida sedentaria. Elsa va a sesiones de reflexoterapia porque tiene estrés.

2a.
1. la cabeza; 2. la cara; 3. la boca; 4. los ojos; 5. la nariz; 6. el estómago, 7. el brazo; 8. la mano; 9. los dedos; 10. la espalda; 11. la pierna; 12. el pie; 13. los dedos del pie

2b.
1. brazos, piernas; 2. cara; 3. dedos; 4. ojos; 5. boca; 6. cabeza; 7. espalda; 8. pies

3a.
Solución de izquierda a derecha:
(4) – Neus; (2) – Elena; (1) – Joel;
(5) – Juan; (3) – Álex

3b.
1. Joel tiene dolor de estómago; 2. Elena está mareada; 3. A Álex le duelen las muelas; 4. A Neus le duelen los pies; 5. Juan tiene tos.

4.
1. tome; 2. id; 3. bebe; 4. vayan; 5. descansad; 6. toma

5a.
ABEL – Consejo 4 TEO, – Consejo 2; RUTH – Consejo 1; SARA – Consejo 3

5b.
Posible solución:
1. Si no puede dormir, cene ligero y tome un vaso de leche caliente con miel.
2. Si tiene dolores de cabeza, descanse un poco.
3. Si tiene dolor de espalda, vaya a nadar al menos tres veces por semana.
4. Si tiene tos, prepare una mezcla de miel con limón y tómela durante varios días.

5c.
Respuesta libre

6.

	tú	vosotros/-as	usted	ustedes
decir	di	decid	diga	digan
ser	sé	sed	sea	sean
salir	sal	salid	salga	salgan
venir	ven	venid	venga	vengan
poner	pon	poned	ponga	pongan
hacer	haz	haced	haga	hagan
tener	ten	tened	tenga	tengan
ir	ve	id	vaya	vayan

7.

	tú	vosotros/-as	usted	ustedes
peinarse	péinate	peinaos	péinese	péinense
despertarse	despiértate	despertaos	despiértese	despiértense
acostarse	acuéstate	acostaos	acuéstese	acuéstense
levantarse	levántate	levantaos	levántese	levántense
sentarse	siéntate	sentaos	siéntese	siéntense
secarse	sécate	secaos	séquese	séquense
vestirse	vístete	vestíos	vístase	vístanse
ponerse	ponte	poneos	póngase	pónganse

8.
1. ¡Olvídate de las tensiones del trabajo!; 2. ¡Báñese en nuestras piscinas termales!; 3. ¡Infórmense de nuestra amplia oferta de servicios!; 4. ¡Relajaos en aguas cálidas!; 5. ¡Siéntete en el pasado!; 6. ¡Inscríbase a nuestro boletín!

9.
1. Está enfadada; 2. Está nervioso; 3. Están enfermos; 4. Está cansado; 5. Están contentas.

10.
SIEMPRE: Marco es colombiano. Es arquitecto. Es guapo. Es simpático. Es moreno y alto.
AHORA: Marco está cansado. Está preocupado. Está nervioso. Está de mal humor.

11.
1. estás; 2. son; 3. Es; 4. estoy; 5. Es; 6. está

SOLUCIONES

12.

Posible solución:
TIENE: tos, problemas de espalda, sobrepeso, la piel sensible, fiebre, estrés, alergia
LE DUELE: la cabeza, el estómago, la boca, el dedo
LE DUELEN: las muelas, los ojos, los brazos
ESTÁ: mal, mareado, estresado, cansado, enfermo, resfriado
(NO) SE SIENTE: bien, mareado, enfermo, cansado, mal
TOMA: una aspirina, una infusión de manzanilla, mucha agua

13.
1b; 2d, h, j; 3e, i; 4a, c; 5f; 6g, k

14.
1. cenar un vaso de leche caliente, ligero, con moderación, de manara sana, una infusión; 2. dar un masaje; 3. fortalecerlos brazos, las piernas; 4. hacer ejercicio físico, una revisión médica, una infusión; 5. olvidarse de las tensiones; 6. tomar un vaso de leche caliente, un jarabe, un analgésico, una infusión.

15a.
1. llama, llámame; 2. hace, haciéndola; 3. bañado, báñate; 4. cortado, córtandolas; 5. pruebas, probármelos

> **MI GRAMÁTICA:**
> Al añadir un pronombre a la forma verbal, la posición del acento cambia. Si el acento recae sobre la antepenúltima sílaba o en una anterior, se le añade tilde.

15b.
1. leyéndolo; 2. relájese; 3. probártelas; 4. cómpralo

Test: 1. c; 2. a; 3. b; 4. b; 5. b; 6. a; 7. a; 8. a; 9. c; 10. b; 11. a; 12. b; 13. a; 14. b; 15. b; 16. b; 17. c; 18. c; 19. b; 20. a

9 TE INVITO

1.

Posible solución:
a. ¡Muchas felicidades!; b. ¡Feliz cumpleaños!;
c. ¡Felicidades!
4. Hoy es el día de Navidad y ve a un vecino; 5. Es el 1 de enero y llama a un amigo; 6. Su compañero de trabajo sale mañana de vacaciones al Caribe.

2a.
(1) Nos complace invitarlo;
(2) Esperamos contar con su presencia;
(3) Por favor, confirmen su asistencia;
(4) Te invito; (5) ¿Vienes?;
(6) Confírmame, por favor; (7) Besos

2b.
Respuesta libre

3a.

Posible solución:
1. ¿Dígame?, ¿Diga?, ¿Aló?
2. ¿Puedo hablar con Mario?, ¿Está Carmen?
3. ¿De parte de quién?
4. ¿Quiere dejar un recado?
5. Se ha equivocado de número.

3b.
1e; 2d; 3a; 4c; 5b

4.
1. vamos; 2. van; 3. voy; 4. vienes; 5. voy; 6. llevo; 7. trae

5a.
A: un libro que Félix quiere prestarle a su padre, el asador de carne del padre de Félix
B: la ensaladera de la madre de Félix, una planta grande del jardín

5b.
Nora: Yo no he traído la planta; Trae la ensaladera; He traído el libro; ¿Vienes en coche?; He venido a pie.
Félix: Llevo la planta; Voy en coche; Llevo la ensaladera; Lo has llevado.

6a.
1. – d; 2. – b; 3. – a; 4. – e; 5. – c; 6. – f

6b.
5 ¿Ya te vas? Si todavía es muy temprano...
3 Tú también estás muy elegante.
4 ¿Y has visto el jardín?
2 Mucho gusto.
6 Está buenísima, pero es que no puedo más.
1 Muchas gracias, pero no hacía falta.

7.
1. Qué; 2. Cuál; 3. Cuál; 4. Qué; 5. Qué; 6. Cuáles; 7. Cuál; 8. Qué; 9. Qué; 10. Cuáles; 11. Cuál; 12. Qué

8.
1. Qué; 2. Cuál; 3. Cuáles; 4. Qué; 5. cuál; 6. Qué;

9.
1. Son suyos; 2. Es tuyo; 3. Es mía; 4. Es mío; 5. Es suyo.

10a.
Maya: medias cortas, blusa amarilla, vaqueros sin agujeros, vestido rosa, sandalias
Aurelia: medias largas, blusa naranja, vaqueros con agujeros, vestido de flores, zapatillas

SOLUCIONES

10b.

Posible solución:

1. No, las suyas son cortas; 2. No, la suya es amarilla; 3. No, los suyos son sin agujeros; 4. No, el suyo es rosa.

11.

Posible solución:

1. por alguien, si se quiere dejar un mensaje; 2. que el número no es correcto, quién llama; 3. al teléfono, a las preguntas; 4. comida, bebida; 5. a una fiesta, a tu cumple; 6. al anfitrión, el piso

12.

1. anfitrión; 2. Nochevieja; 3. cumpleaños; 4. inauguración; 5. despedida; 6. boda

13.

1c; 2a; 3c; 4b; 5c; 6a; 7b; 8c

14.

> **MI GRAMÁTICA:**
> Las exclamaciones y las interrogaciones se escriben con tilde independientemente del tipo de frases en las que vayan, por ejemplo, en las frases número: 1, 2, 4, 5, 7, 9, 10. Los conectores no llevan tilde, por ejemplo en las frases número: 3, 6, 8, 11.

Test: 1. b; 2. a; 3. b; 4. c; 5. b; 6. a; 7. b; 8. c; 9. a; 10. a; 11. a; 12. b; 13. a; 14. a; 15. b; 16. a; 17. a; 18. c; 19. c; 20. b

10 UNA CIUDAD IDEAL

1.

1. tiene; 2. Está; 3. Es; 4. tiene; 5. está; 6. tiene; 7. es

2a.

1. Cuenca (Ecuador): 381 823
2. Valdivia (Chile): 154 445
3. Asunción (Paraguay): 525 294
4. Tucupita (Venezuela): 86 487
5. Tacuarembó (Uruguay): 540 656

2b.

1. doscientos ocho mil estudiantes; 2. cinco mil setecientas noventa y ocho escuelas; 3. cuatrocientas veinte mil empresas; 4. noventa y dos mil ochocientos tres restaurantes

3.

Posible solución:

1. zona peatonal; 2. atasco, aparcar, conducir, aparcamiento; 3. parada, líneas, nocturno; 4. boca de metro, hacer transbordo, estaciones; 5. carril bici, alquiler de bicicletas

4.

1. tiene; 2. están; 3. hay; 4. fue; 5. hay; 6. está; 7. tiene; 8. está; 9. están; 10. es; 11. hay; 12. está

5a.

1. Esta, esta, aquí, esta; 2. ese, ese, ahí; 3. Aquel, Aquel, allí, aquel, allí

6.

1. este; 2. esas; 3. este; 4. ese; 5. aquella

7a.

2, 4, 6, 7, 8 y 9

7b.

	San Gabriel	Foresta
1. ser bonito	sí	sí
2. cerca del centro	más cerca	menos cerca
3. teatros	2	1
4. cines	2	2
5. galerías de arte	3	3
6. restaurantes	15	10
7. parques	1	2
8. habitantes	17 000	17 000

7c.

1. tan … como; 2. más … que; 3. más … que; 4. el mismo; 5. la misma; 6. más … que; 7. menos … que; 8. tantos … como

8.

- claro — clarísimo
- grande — grandísima
- divertidos — divertidísimos
- tranquila — tranquilísima
- oscura — oscurísima
- aburrido — aburridísimo
- pequeñas — pequeñísimas
- moderno — modernísimo
- caras — carísimas
- hermosos — hermosísimos

9.

1. grandísimo/-a; 2. interesantísimo/-a; 3. riquísimo/-a; 4. baratísimo/-a; 5. dificilísimo/-a; 6. facilísimo/-a; 7. divertidísimo/-a; 8. aburridísimo/-a

SOLUCIONES

10.
Posible solución:
1. Sí, es verdad, pero normalmente hay muchos turistas.
2. Para mí es mejor vivir en el centro. Hay más posibilidades de transportes.
3. Sí, estoy de acuerdo contigo. Muchas veces no hay tiendas cerca y tampoco hospitales.
4. No estoy de acuerdo. En el centro la calidad del aire es mala.
5. No sé… Depende del tamaño de la ciudad, las ciudades pequeñas no tienen una buena red de transporte público.

11.
SER: antigua, turística, activa, tranquila, verde
TENER: un río, zonas peatonales, movilidad adecuada, clima templado, poco tráfico, mucha seguridad
ESTAR: rodeada de montes, en el oeste del país, cerca del parque, a 30 km de aquí

12.
2. cómodo/-a; 3. divertido/-a; 4. ecológico/-a; 5. famoso/-a; 6. histórico/-a; 7. limpio/-a; 8. mágico/-a; 9. turístico/-a; 10. ruidoso/-a; 11. tranquilo/-a; 12. universitario/-a

13.
1c; 2f; 3g; 4d; 5a; 6e; 7h; 8b

14.
Respuesta libre

15a.
1. hable; 2. ejercité; 3. visité; 4. compré; 5. viajé; 6. informo; 7. intentó; 8. ayudó; 9. trabajó; 10. relajó

15b.
Posible solución:
1. Ayer hablé por teléfono con mi madre durante dos horas.
2. Todos los días intento caminar veinte minutos.
3. El fin de semana pasado, Alberto me ayudó a montar el armario.
4. Los lunes no trabajo.
5. El domingo visité a una amiga que estaba enferma.
6. La semana pasada el jefe nos informó del aumento de sueldo.

Test: 1. a; 2. b; 3. a; 4. c; 5. c; 6. b; 7. b; 8. a; 9. c; 10. b; 11. a; 12. c; 13. b; 14. b; 15. b; 16. c; 17. b; 18. c; 19. b; 20. b

11 NOSOTROS Y EL TRABAJO

1.
1. Mary, médica; 2. Jorge, futbolista profesional; 3. Armando, peluquero; 4. Lorena, abogada; 5. Gisela, investigadora

2a.
(1) noventa y cuatro coma siete por ciento; (2) 75,3 %; (3) cincuenta y cinco coma uno por ciento; (4) sesenta y uno coma cero por ciento; (5) 13,2 %; (6) 48,9 %

2b.
1. séptimo; 2. primer, primero; 3. quinta; 4. sexta; 5. décima; 6. tercera

3a.
1. El 49 %; 2. El 100 %; 3. El 95 %; 4. El 40 %; 5. El 85 %; 6. Un 2 %

3b.
1. La mitad de; 2. Todas las; 3. Casi todos los; 4. Casi la mitad; 5. La mayoría de; 6. Casi nadie

4.
1c; 2f; 3b; 4a; 5g; 6e; 7d

5.
1. soy, tengo, sé; 2. tengo, soy, sé; 3. sé, tengo, soy, sé; 4. tengo, soy, sé, tengo

6a.
sé, sé, puedo, sé, Sé, puedo, puedo

6b.
1. Estimados señores:
2. Me dirijo a ustedes en respuesta…
3. he trabajado en el área de ventas…
4. Tengo mucha paciencia y soy muy comunicativa.
5. Si quieren más información, con gusto…
6. Atentamente,

7a.
2 Estudios y formación
3 Experiencia laboral
4 Conocimientos de idiomas
1 Datos personales
5 Otras competencias

7b.
Datos personales: Joaquín Menéndez; nació el 24 de diciembre de 1990 en Lima
Estudios y formación: Administración de Empresas y Maestría en Técnica de Mercado
Experiencia laboral: trabajó en una oficina contable y actualmente en el Banco Fundación
Conocimientos de idiomas: inglés nivel C1, italiano nivel B2
Otras competencias: conocimientos de informática a nivel de usuario

SOLUCIONES

8.
1. volver a; 2. empiezo a; 3. dejas de; 4. acabamos de; 5. volver a

9.
Posible solución:
Preguntas:
1. ¿Qué experiencia laboral tiene?
2. ¿Qué cree que puede aportar a este puesto?
3. ¿Cuáles son sus cualidades o puntos fuertes?
Respuestas:
1. He trabajado en el área de ventas en empresas del sector.
2. Sé cómo convencer a los clientes y vender un producto. También puedo trabajar por las tardes.
3. Tengo mucha paciencia y soy muy comunicativa.

10.
Posible solución:
1. médico/-a, enfermero/-a, bombero/-a
2. dependiente(a), auxiliar de vuelo, guía turístico/-a
3. abogado/-a, deportista, periodista
4. ingeniero/-a, cuidador(a) de niños, arquitecto/-a
5. profesor(a), psicólogo/-a, investigador(a)

11.
Seguridad: militar, policía; **Sanidad:** médico/-a, investigador(a); enfermero/-a; **Deportes:** entrenador(a) de tenis, futbolista; **Turismo y servicios:** dependiente/-a, guía turístico/-a, bombero/-a, limpiador(a), camarero/-a, recepcionista, auxiliar de vuelo; **Educación y cultura:** profesor(a), fotógrafo/-a, escultor(a), cantante, director(a) de cine

12.
1. ambiente; 2. currículum; 3. un contrato; 4. experiencia laboral; 5. un horario flexible; 6. el sueldo; 7. estable; 8. la carrera.

13.
1bcde; 2abe; 3bf; 4e; 5c; 6cg; 7ah; 8ah.

14b.
1B; 2A; 3A; 4B; 5A; 6B

> **MI GRAMÁTICA:**
> 1. Entonación ascendente: A
> 2. Entonación descendente: B

Test: 1. b; 2. a; 3. c; 4. b; 5. b; 6. a; 7. b; 8. a; 9. c; 10. a; 11. c; 12. b; 13. c; 14. b; 15. a; 16. c; 17. b; 18. c; 19. b; 20. a

12　¡ESTAMOS AL DÍA!

1.
Posible solución:

llevar una agenda	B, C, D
escribir mensajes	B, C, D
estar informado/-a	A, B, C, D, E, F
descargar una aplicación	A, B, C, D
escuchar música	A, B, C, D, E
impresora	B, C, D
leer noticias	A, B, C, D, F
chatear	B, C, D
teclado	B, C, D
pantalla	A, B, C, D

2a.
a: diálogo 3; b: diálogo 2; c: diálogo 4; d: diálogo 1

2b.
diálogo 1 (tableta): hacer fotos, mandar fotos, guardar fotos; diálogo 2 (teléfono móvil): guardar música, escuchar música; diálogo 3 (televisión): descargar juegos, tener acceso a las redes sociales, ver programas de televisión, instalar aplicaciones; diálogo 4 (ordenardor): buscar información

3.
1. tranquilamente
2. fácilmente
3. cómodamente
4. rápidamente
5. relajadamente
6. fuertemente

4a.
1c; 2f; 3g; 4d; 5a; 6e; 7b; 8h

4b.
Respuesta libre

5.
1. para, por
2. por, para, para, por
3. para, por, para, por
4. para, para

6.
1e; 2c; 3b; 4a; 5d

SOLUCIONES

7a.

	regulares futuro	infinitivo
yo	llegaré	llegar
tú	subirás	subir
él/ella/usted	conocerá	conocer
nosotros/-as	daremos	dar
vosotros/-as	estaréis	estar
ellos/ellas/ustedes	empezarán	empezar

	irregulares futuro	infinitivo
yo	querré	querer
tú	tendrás	tener
él/ella/usted	pondrá	poner
nosotros/-as	diremos	decir
vosotros/-as	haréis	hacer
ellos/ellas/ustedes	saldrán	salir

7b.
Respuesta libre

8.
1. lloverá B; 2. ganará F; 3. firmarán C; 4. presentarán E; 5. veremos D; 6. hablará A.

9a.
Posible solución:
1. A ella le gustaría conocer a otros jóvenes.
2. A él le gustaría pasar unos días tranquilos con la familia.
3. A ella le gustaría disfrutar de las vacaciones juntas.
4. A él le gustaría llegar rápidamente a su destino.
5. A él le gustaría mezclar cultura y diversión.

9b.
Respuesta libre

10a.
1. amablemente; 2. puntualmente; 3. relajadamente; 4. lentamente; 5. rápidamente; 6. tranquilamente; 7. fácilmente; 8. activamente; 9. respetuosamente; 10. cómodamente

10b.
Posible solución:
1. tranquilamente, relajadamente, activamente
2. puntualmente, fácilmente, cómodamente
3. amablemente, respetuosamente
4. lentamente, rápidamente

11.
Posible solución:
1bg; 2cg; 3ad; 4df; 5cgh; 6g; 7d; 8eg

12.
Respuesta libre

13a.

> **MI GRAMÁTICA:**
> **a.** 4; **b.** 3; **c.** 2; **d.** 1.

13b.
1. En el mercado venden fruta, verdura, carne y pescado. **Regla:** b.
2. No me gusta ver la televisión. **Regla:** d.
3. Jacinto, que es el esposo de mi amiga, es un excelente cantante. **Regla:** c.
4. Ayer no pudimos visitar a la abuela, pero llamamos por teléfono. **Regla:** a.

Test: 1. b; 2. c; 3. a; 4. b; 5. a; 6. c; 7. b; 8. a; 9. c; 10. b; 11. a; 12. b; 13. c; 14. b; 15. a; 16. b; 17. a; 18. a; 19. a; 20. b